Christean Wagner (Hg.)

Was uns leitet –

Eckpfeiler einer bürgerlichen Kultur

SOCIETÄTSVERLAG

Titelbild: Druckreif GmbH & Co. KG

Satz: Nicole Proba, Societäts-Verlag
Druck und Verarbeitung: Ebner & Spiegel GmbH, Ulm
Schutzumschlag: Nicole Proba, Societäts-Verlag
Printed in Germany 2007
ISBN 978-3-7973-1059-0

Inhaltsverzeichnis

Vorwort

Die Rückkehr der Werte

Der begeisterte Empfang des Papstes beim Weltjugendtag in Köln im Jahr 2005 und die Wiederentdeckung eines unverkrampften Patriotismus anlässlich der Fußballweltmeisterschaft im Sommer des Jahres 2006 haben beispielhaft gezeigt: In einer Welt, in der die Verunsicherung wächst und Bindungen abnehmen, erleben wir eine Rückbesinnung auf jene Werte und Institutionen, die dem Menschen Halt geben. Es ist die Wiederentdeckung einer bürgerlichen Kultur, die von der 68er-Bewegung bekämpft wurde. Es ist zugleich die Abkehr der von den 68ern geprägten „linken Leitkultur", die den öffentlichen Diskurs der vergangenen Jahre und Jahrzehnte in Deutschland bestimmt hat.

Die 68er und die Folgen: Eine „linke Leitkultur"

Der Ausgangspunkt der 68er war der vollständige Bruch mit jeder Art von Tradition, das Kappen von geistigen und institutionellen Wurzeln im Namen einer vorgeblichen Liberalisierung und Demokratisierung. Die Bildungspolitik wurde hier zum ersten großen Experimentierfeld. Insbesondere die Ächtung des Leistungsprinzips in Schule und Universität und die Verketzerung sogenannter Sekundärtugenden haben das Bildungsniveau substanziell geschwächt.

Bezeichnend für die Linke seit 1968 ist ihre Selbstdefinition über Ablehnungshaltungen. Sie betrieb Fundamentalopposition gegen alle erdenklichen demokratisch-rechtsstaatliche Institutionen. Sie wandte sich gegen jede patriotische Regung. Vaterlandsliebe war ihr verhasst. Dagegen setzte sie die „multikulturelle Gesellschaft" als Ideal. Dadurch entwickelte sich ein regelrechter „negativer Nationalismus",

dem alles Eigene schlecht erscheint und alles Fremde gut. Die Ablehnung der deutschen Wiedervereinigung lag auf dieser Linie. Auch der erst kürzlich wieder aufgekommene Vorschlag der Abschaffung des Nationalfeiertags entspringt solchem Denken.
Ebenso gehört die Gegnerschaft gegenüber dem Christentum in seinen tradierten Erscheinungsformen zum Kernbestand linker Ideologie. Sie manifestiert sich etwa in der Ablehnung der Anbringung von christlichen Symbolen in öffentlichen Gebäuden oder im Vorschlag zur Abschaffung eines christlichen zugunsten eines islamischen Feiertags. Dabei befördert diese Ablehnungshaltung zugleich die Anfälligkeit für Ersatzreligionen, bei denen Selbstverwirklichung im Vordergrund steht gegenüber der christlichen Bezogenheit auf Gott und den Nächsten.

Was uns leitet – Eckpfeiler einer bürgerlichen Kultur

Spätestens mit dem Ende des „rot-grünen Projekts“ hat sich eine allgemeine Desillusionierung über die Praxistauglichkeit linker Leitbilder eingestellt. Damit verbunden ist ein starkes Bedürfnis nach Orientierung und Rückbesinnung auf die grundlegenden Werte, die eine Gesellschaft zusammenhalten. Dies eröffnet die Chance, die Eckpfeiler einer bürgerlichen Kultur, mithin unsere „Leit-Kultur“ in Deutschland als Orientierungsrahmen wieder in das öffentliche Bewusstsein zu rücken:

Patriotismus

Unser Staat braucht Patrioten. Nur der, dem seine Heimat am Herzen liegt, zeigt auch Engagement für die Gemeinschaft. Die Liebe zur Heimat ist keine überholte Tradition, sondern einer der Pfeiler eines intakten Gemeinwesens.

Lebensschutz

Wert und Würde des menschlichen Lebens lassen sich an den Situationen größter Schutzbedürftigkeit ablesen. Der Schutz des menschlichen Lebens von seinem Beginn bis zu seinem Ende ist deshalb ein zentrales Anliegen bürgerlicher Kultur. Fragen der Bioethik sind immer auch Fragen nach unserer Identität als Menschen.

Christlich-jüdische Wertvorstellungen

Unverzichtbar ist die religiöse Rückbindung. Jüdisch-christliche Wertevorstellungen haben unsere abendländische Kultur geprägt. Eine Abkehr von diesen religiösen Wurzeln bedeutet eine Preisgabe unserer Identität zugunsten einer „Kultur der Beliebigkeit" (Benedikt XIV.).

Ehe und Familie

Der Wert von Verantwortung in festen zwischenmenschlichen Bindungen muss vorgelebt werden. Dies macht die Bedeutung des Instituts der Ehe aus. Soziale Bindungsfähigkeit und gegenseitige Rücksichtnahme wird in Familien eingeübt. Ehe und Familie sind damit die Keimzelle einer funktionierenden Gesellschaft.

Freiheit in Verantwortung

Das Leitbild christlich-demokratischer Politik ist immer die aktive Bürgergesellschaft gewesen. Der Schlüsselbegriff einer solchen Bürgergesellschaft ist die Verantwortung. Wir müssen die Menschen ernst nehmen in ihren Fähigkeiten und Kräften, ihr Leben selbst in die Hand zu nehmen. Bundeskanzlerin Angela Merkel hat uns deshalb in ihrer ersten Regierungserklärung zu Recht zugerufen: „Mehr Freiheit wagen!" Es führt kein Weg zurück zum allzuständigen Vollversorgungsstaat, der die Bürger entmündigt. Eine Gesellschaft ist erst dann im Wortsinne sozial, wenn der verantwortungsvolle Gebrauch von Freiheit staatliche Korrekturen von der Regel zum Ausnahmefall macht.

Zu unserer Veranstaltungsreihe

Die CDU-Fraktion im Hessischen Landtag möchte ihren Beitrag dazu leisten, diese Eckpfeiler bürgerlicher Kultur wieder öffentlich bewusst zu machen. Es ist uns gelungen, für unsere Vortragsreihe „Was uns leitet" führende Persönlichkeiten aus Politik und Wissenschaft dafür zu gewinnen, einzelne Aspekte dessen näher zu beleuchten, was unsere Gesellschaft zusammenhält. Mit Vorträgen zu Patriotismus, Wert und Schutz des menschlichen Lebens, Ehe und Familie sowie zur Bedeutung der christlichen Religion, zum Koordinatensystem einer modernen Gesellschaft und zum geistigen Profil christlicher Demokratie haben sie Akzente in der aktuellen Wertediskussion gesetzt.

Die große Resonanz auf unsere Vortragsreihe und die nicht nachlassende Nachfrage nach den Vortragsmanuskripten unserer Referenten haben uns dazu bewogen, die Vorträge in einem Sammelband einer breiteren Öffentlichkeit zugänglich zu machen. Die in diesem Buch gesammelten Texte dokumentieren die Vorträge, wie sie die Referenten auf unseren Veranstaltungen im Wiesbadener Stadtschloss und im Kloster Eberbach im Rheingau zur Diskussion gestellt haben. Zum Teil konnten wir dabei auf vorhandene Manuskripte zurückgreifen, zum Teil haben wir Tonbandmitschnitte in die Schriftform übertragen. Den Rededuktus haben wir hierbei soweit wie möglich beibehalten, um einen lebendigen Eindruck von den Vorträgen zu vermitteln. Es ist dabei ein Sammelband entstanden, der einen guten Überblick über die Vielschichtigkeit der aktuellen Debatte um Wertebewusstsein und Leitkultur bietet.

Ich möchte mich an dieser Stelle ganz herzlich bei den Referenten für ihre Bereitschaft bedanken, uns die Teilhabe an ihrem geistigen Eigentum in diesem Band zu ermöglichen. Mein Dank gilt ebenso den wissenschaftlichen Mitarbeitern der CDU-Landtagsfraktion, ohne deren Mitwirkung bei Konzeption und Durchführung der Veranstaltungsreihe das ganze Unternehmen nicht möglich gewesen wäre. Schließlich bedanke ich mich auch beim Societäts-Verlag für die Bereitschaft, diesen Band verlegerisch zu betreuen und in sein Verlagsprogramm aufzunehmen.

„Es lebe die Republik, es lebe Deutschland!“

*Arnulf Baring**
Hessischer Landtag, 7. September 2006

Deutschland ist 1990 in die Mitte Europas zurückgekehrt. Was heißt das? Zunächst und vor allem: Die alten Westbindungen bleiben zentral wichtig. Nach wie vor sind die USA außen- und sicherheitspolitisch unser Fundament. Aber daneben müssen wir uns als Deutsche darum bemühen, unsere Umgebung zu stabilisieren – in derem wie im eigenen Interesse. Seit Parlament und Regierung in Berlin sitzen, wird Ostmitteleuropa nach und nach besser wahrgenommen. Das ist unsere vordringliche Aufgabe. Die Oder, früher die Mitte der

---

* *Da aufgrund eines technischen Defekts die Tonbandaufnahme des am 7. September 2006 im Wiesbadener Landtag gehaltenen Vortrags unvollständig ist, folgt hier der Wortlaut eines Vortrages zum gleichen Thema, den Arnulf Baring am 31. Januar 2006 unter der gleichen Überschrift an der Universität Chemnitz gehalten hat.*

Monarchie, bildet nun unsere östliche Grenze. Die Polen sind nach den Franzosen unser größter, wichtigster Nachbar.

Weshalb sind so wenige bei uns neugierig, wie es dort und weiter östlich aussieht? Schon die Atlanten behandeln den Raum zwischen uns und den Russen stiefmütterlich. Hindert der verdrängte Schmerz über den Verlust vieler Gebiete, in denen die Deutschen einst zu Hause waren, ihre architektonischen Spuren hinterlassen haben – Kirchen, Burgen, Schlösser, Bürgerhäuser –, unsere sonst doch unbändige Reiselust? Ist es die Furcht, Landschaften zu betreten, die einst von Deutschen und Juden geprägt wurden? Die einen sind ermordet worden, die anderen hat man vertrieben. Was hindert uns, nach der Heimat von Paul Celan, Johannes Bobrowski oder Elias Canetti zu suchen? Warum will so selten jemand von uns herausfinden, wie es in der Bukowina, in Siebenbürgen oder Galizien heute aussieht? Wer war schon auf dem Windenburger Leuchtturm, an der melancholischen Memel, in der Festung Chotin über dem ukrainischen Dnjestr, bei Thomas Mann auf der Kurischen Nehrung? Wer kennt den Domberg von Reval und die Tartlauer Kirchenburg? Wer sah den Flügelaltar der Söhne des Veit Stoß in der Stadtpfarrkirche des heute rumänischen Mühlberg? Wer besuchte das Jurewkloster mit der herrlichen Georgskathedrale am Ilmensee, dort, wo der Wolchow entspringt? Wenn noch immer nur wenige das ganz mittelalterliche Thorn oder, gleichfalls an der Weichsel, die alte Königsstadt Krakau kennen, obwohl doch beide Orte in unserer Nähe liegen, darf man sich nicht wundern, wenn ihnen die Kreml von Nowgorod oder Pleskau, dieser Hansestädte, nichts sagen. „Die Mitte liegt ostwärts" war schon in den achtziger Jahren die Programmschrift des Historikers und Publizisten Karl Schlögel, der heute an der Viadrina lehrt. Mit vielen Essays hat er uns die landschaftlichen Schönheiten, den kulturellen Reichtum jener lange vergessenen Gebiete Europas neu vor Augen geführt, uns mit wachen jungen Intellektuellen dort bekannt gemacht. Was Johann Joachim Winckelmann im achtzehnten Jahrhundert für die Wiederentdeckung der Antike, den Beginn der Klassik bedeutete, muss Schlögel in unseren Tagen werden. Nur wenn wir uns das Verlorene neu vor Augen führen, innerlich aneignen, werden wir neu imstande sein, uns einen vernünftigen, fröhlichen Reim auf unsere alte, schwierige Mittellage zu machen. Das ist seit dem Umzug der Hauptstadt verstärkt die Aufgabe Deutschlands. Wir haben in der weiten Welt nicht viel zu bestellen. Unser vordringliches Tätigkeitsfeld liegt in Europa. In der EU verankert, müssen wir uns tatkräftig um die Stabilisierung Ostmitteleuropas bemühen.

Was bedeutet der Umzug sonst noch? Nicht nur gegenüber Ostmitteleuropa brauchen wir ein neues, einfühlsames Bewusstsein unserer Rolle. Auch uns selbst sollten wir künftig besser wahrnehmen. Die Masse der Westdeutschen merkt erst, seit die Hauptstadt wieder Berlin ist, was sich 1990 ereignet hat. Seit dem Umzug wird erst ganz allmählich in Umrissen klar, was von der „Berliner Republik" zu halten ist, von der man zeitweilig so viel hörte. Bisher kann man nicht sagen, dass Deutschland in seine eigene Mitte zurückgekehrt sei, sein inneres Gleichgewicht neu gefunden hätte.

Die erste Regierungserklärung Schröders enthielt nur vage, unsichere Hinweise, was er sich unter einer „Republik der Neuen Mitte" vorstellte, die von Berlin ausgehen sollte. Er pries das weltoffene Klima der Stadt, Berlin als Anziehungspunkt für Jugend und kulturelle Avantgarde, sah in Berlin eine „heitere und aufregende Stadt" für jüngere Deutsche und Europäer, „die sie von Fußballspielen und der Love Parade her kennen. Auch und gerade an diese Traditionen", sagte er, „werden wir anknüpfen, wenn wir Berlin zur Hauptstadt einer Republik der Neuen Mitte machen wollen."

Schon 1998 war klar, dass das nicht reichen werde. Man muss sich offensichtlich gedanklich mehr anstrengen bei diesem Ortswechsel, der zugleich eine Rückkehr in unsere lange Geschichte ist, die man wieder so oder so in den Blick nehmen muss. Wer einen neuen Stil deutscher Politik entwickeln, sich offener, unbefangener, souveräner

Fröhlicher Ausdruck eines charmanten Nationalstolzes.

geben möchte als im kleinstädtisch zugeschnittenen Bonn, muss sich an einem hohen Anspruch messen lassen. Er muss mehr im Blick haben als die letzten fünfzig Jahre. Aber er darf gleichzeitig keinen Augenblick die Tugenden vergessen, die der alten Bundesrepublik Respekt und Zustimmung der Welt eingetragen haben: die Bescheidenheit des Auftretens, den kooperativen Arbeitsstil, die Fähigkeit, anderen zuzuhören, ihre Interessen wahrzunehmen, behutsam am Konsens mitzuwirken. Wenn sich der neue Stil Schröders, seine selbstbewusste Stillosigkeit auf Dauer durchgesetzt hätte, wäre die Substanz der Bundesrepublik verändert worden.

„Berliner Republik" – das sind zwei Worte, die eine verbreitete, vage Erwartung spiegeln. Es fällt auf, dass immer weniger von der „Bundesrepublik" die Rede ist, ihre Fünfzigjahrfeier 1999 nur müdes Interesse fand. Mehr und mehr wird von „Deutschland", von der „Republik" gesprochen. Auffällig viele junge Menschen – und nicht nur junge – blicken erwartungsvoll auf Berlin, ziehen dorthin. Medien, Zeitungen, Verlage rechnen mehr und mehr mit einer neuen Metropole, stellen sich auf sie ein. Diese breite, mächtige Erwartung ist in sich ein Element der Veränderung. Sie wird uns das Bestehende mit anderen Augen wahrnehmen lassen. Sie schafft eine Atmosphäre, in der Neues die Chance erhält, zum Thema zu werden, sich durchzusetzen. Bonn war immer untypisch für die Bundesrepublik, weil es bürgerlicher, gesetzter, provinzieller war als große Teile des Landes. Man bekam dort wenig von dem mit, was die Deutschen bewegte. Berlin ist der umgekehrte Fall – ein Brennspiegel, ein Erwartungshorizont, ein nationaler Durchlauferhitzer. Es ist materiell, finanziell schlechter beieinander als alle anderen deutschen Großstädte. Es ist wirklich arm. Vieles liegt im Argen, muss unbedingt geändert werden. Soziale Spannungen sind sichtbar, die Ghettobildung in einigen Bezirken weit fortgeschritten. Zugleich regt die Stadt in ihrer außerordentlichen kulturellen, künstlerischen Vielfalt aber unerhört an und auf, inspiriert Gespräche, verlangt Auseinandersetzungen, die gemeinsame Selbstprüfung. Die Geschichte Deutschlands ist hier unausweichlich überall näher als sonstwo. Das alte West-Berlin und die Hauptstadt der DDR leben bisher, abgesehen vom Prenzlauer Berg, immer noch weitgehend nebeneinander her, gehören gesellschaftlich und politisch in verschiedene Welten, und dennoch sieht man nirgendwo in Deutschland so viel gemeinsame Neugier und so viel Wandel.

Das wird atmosphärisch eine Menge ausmachen, falls sich die Nation, nach einer Pause von fünfzig Jahren, zu einer wirklichen Hauptstadt aufrafft, also nicht länger mit einer bloßen Geschäftsstelle wie Bonn zufrieden ist. Die Union, die bei weitem wichtigste Partei der alten Bundesrepublik (alle anderen waren im Grunde nur Zutaten), prägte mit Westintegration und Marktwirtschaft den Bonner Staat, dessen Symbol die D-Mark war. Jetzt liegt in der Berliner Republik eine breite Linksunion in der Luft, und die Westverlagerung Deutschlands wird ergänzt durch ein umfassendes, hoffentlich konstruktives Engagement in den Staaten östlich von uns. Sie werden in Berlin ungleich stärker ins Blickfeld rücken als am Rhein. Andererseits hat vor sieben Jahren das waghalsige westeuropäische Experiment des Euro begonnen, das – wenn es gelingt – die Verschmelzung des Kontinents bewirken könnte, in jedem Falle die EU vor eine große Bewährungsprobe stellt. Deutschland steht also vor einer Reihe neuer, ungewohnter Herausforderungen. Vieles spricht dafür, dass wir zwischen Ost und West, auch zwischen Freiheit und Gleichheit, nach außen und im Innern eine neue Balance finden müssen. Die künftige Synthese, so ist zu vermuten, wird dem neuen Namen der kommenden Berliner Republik Inhalt und Sinn geben.

Vielleicht werden wir sogar eine neue Verfassung brauchen. Es war gut, dass wir ein solches Vorhaben 1990 nicht angepackt haben. Denn die Runden Tische damals konnten kaum überzeugen. Aber in Zukunft kann sich die Frage nochmals und anders stellen. Je nach politischem Geschmack wird bei uns Margaret Thatcher oder Tony Blair gepriesen. Jedoch ist in Deutschland vollkommen undenkbar, was erst die eine, dann der andere in den ersten Monaten ihrer Regierung gestaltend zustande gebracht haben. Unser Grundgesetz räumt einer siegreichen Partei keine vergleichbaren Gestaltungsmöglichkeiten ein, macht tatkräftiges Regieren kaum möglich. Das deutsche Regierungssystem von 1949 entstand unter dem Eindruck der Katastrophe, zu der die Diktatur geführt hatte. Vom Nationalsozialismus geschockt, haben die Verfassungsväter eine ausgewogene Machtbalance ersonnen, die der Immobilität und dem Stillstand Vorschub leistet, die ohnehin in unserer Konsensgesellschaft nahe liegen. Das wird sich in Krisenzeiten fatal bemerkbar machen. Möglicherweise hat das Grundgesetz, unsere verfassungspatriotische Grundlage, seine beste Zeit hinter sich.

Beispielsweise bedarf der deutsche Föderalismus bestimmt einer Neuordnung. Einiges mag inzwischen dafür sprechen, ihn ganz abzuschaffen. Theoretisch könnte man ihn auf Verwaltungsaufgaben und die regionale Traditionspflege mit Fahnen und Landesvätern reduzieren. Das Grundgesetz jedoch verbietet absolut seine Beseitigung, und wir haben in unserer langen Geschichte gute Erfahrungen mit ihm gemacht. Also muss er neu geordnet werden. Man sollte dem Bund, den Ländern und Kommunen je eigene Aufgabenbereiche und, natürlich, entsprechende eigene Finanzquellen zuweisen, also die volle Verantwortung auf den ihnen eingeräumten Feldern übertragen. Die Konstruktion des Bundesrates, die aus dem Bismarckreich stammt, also unter ganz anderen Voraussetzungen geschaffen wurde, ist antiquiert. Welche Rechtfertigung soll es auf Dauer dafür geben, dass der Bundesrat der Regierung immer wieder in den Arm fällt, ohne selbst Verantwortung im Gesamtstaat zu übernehmen? Es war beschämend, in welchem Maße sich die Länder bei der Wiedervereinigung verweigert haben.

Alle verfassungspolitischen Gedanken sind vorerst freilich für die Katz. Erst nach einer großen Erschütterung, einer revolutionären Bewusstseinsänderung, wird eine grundlegende Umgestaltung der Verfassung denkbar werden. Vielleicht haben wir Glück, und der Druck der Verhältnisse erzwingt eine andere Regierungspraxis. Dann könnten wir beim Grundgesetz bleiben. Goethe, den wir nicht grundlos immer wieder feiern, hatte jedenfalls Recht, als er sagte, das größte Bedürfnis der Menschen sei eine mutige Obrigkeit.

Vielleicht fällt es anderen Völkern leichter, ihre Probleme zu lösen, weil sie sich nicht nur geographisch, sondern auch historisch bei sich mehr zu Hause fühlen. Die Rückkehr nach Berlin könnte die Heimkehr in die deutsche Geschichte bedeuten; bisher ist sie das nicht. Ja, der Gedanke einer solchen historischen Selbstbesinnung erschreckt viele. Aber sie böte offensichtlich doch auch die Chance, unserem Lande eine festere Grundlage für sein Selbstgefühl zu verschaffen. Dem Zeitklima entspricht der Rückblick. Es gab noch kürzlich Perioden, während derer sich die Gesellschaft in utopischen Entwürfen der Zukunft wiederfand. Das ist vorbei. Wir sind am Beginn einer Phase, in der die deutsche Geschichte neu Gewicht gewinnen sollte, unsere Selbstachtung durch eine historische Rückbesinnung gekräftigt werden könnte. Es wäre unsinnig zu behaupten, Geschichtskenntnis führe zur Verherrlichung der Vergangenheit. Aber auch das Gegenteil ist unrichtig. Die Geschichte lehrt, wie es zu Erfolgen und Niederlagen kam, was Fortschritt und Reaktion ausmachen, was bedeutend wurde, was Schwierigkeiten abgerungen ist. Geschichte gibt Fingerzeige für das eigene Leben, wonach man streben, was man besser bleiben lassen sollte. Die Kenntnis der Geschichte – gerade auch im kleinen, im lokalen Rahmen – vermittelt Einsichten, die bescheiden werden lassen, Menschen von aller Besserwisserei abhalten.

Wer unsere Vergangenheit unter die Lupe nimmt, wird rasch von der verbreiteten Vorstellung Abschied nehmen, wir seien klüger – und erst recht: wir seien tapferer – als unsere Vorfahren. Wer sich neugierig und aufgeschlossen (und nicht im Gefühl der Überlegenheit, das immer unberechtigt ist) verschiedenen Phasen unserer Vergangenheit zuwendet, wird überraschende, positive Entdeckungen machen. Der große Vorteil gegenüber allen spekulativen Visionen, gedanklichen Konstruktionen, die nur Behauptungen sind, nicht erprobt wurden, ist bei der Geschichte die Gewissheit, dass man im vergangenen Leben frühere Wirklichkeiten aufspürt. Man wandert auf Wegen, auf denen sich vor uns andere bewährt oder blamiert haben.

Die unbefangene Neugier, das Leben unserer Vorfahren wieder zu entdecken, ist uns indessen seit Jahrzehnten verleidet. Denn deutsche Geschichte wird weithin nur mit jenen zwölf Jahren gleichgesetzt. Im Mittelpunkt deutscher Selbstverständigungsversuche steht bisher monolithisch die NS-Vergangenheit, die Steilwand der Verbrechen jener Zeit. Im Abstand zu den Ereignissen sind die dunklen Schatten, die sie wirft, immer länger geworden. Vielleicht wären die Nationalsozialisten längst vergessen, wenn sie nicht diese Untaten zu verantworten hätten. Die Verbrechen sind fast das Einzige, was wir jetzt noch mit ihrer Ära verbinden. Alexander Schuller hat vor acht Jahren die Frage aufgeworfen, woher die verbreitete, aber verquere Anhänglichkeit an den Terror komme. Kann es sein, fragte Schuller, dass Nationalsozialismus wie Kommunismus nicht trotz, sondern wegen der vielen Morde faszinieren, die sie auf dem Gewissen haben? Paradoxerweise, schrieb er, rette die weltweite Erinnerung an den Holocaust das Dritte Reich vor dem Abgrund des Vergessens. Das Holocaust-Mahnmal am Brandenburger Tor werde die jüdischen Opfer beklagen, zugleich aber die Wirkungsmacht des Nationalsozialismus feiern. Der Mythos sei stärker als alle Vernunft.

Welcher Mythos? Welchen geheimnisvollen Sog übt der politische Mord auf die Phantasie gerade der Intellektuellen aus? „Wer mordet, beansprucht historische Legitimität", schrieb Schuller. Durch Tod zum Leben sei ein biblisches Prinzip, aber dialektisch gewendet enthalte es auch den Appell, dass nur derjenige zum Leben komme, der selbst töte, das blutige Schwert der Apokalypse führe. Wer andere töte, partizipiere am Mythos der Unsterblichkeit.

Historisches Ambiente für die Veranstaltung – das frühere Stadtschloss der Herzöge von Nassau in Wiesbaden ist heute Sitz des Hessischen Landtags.

Der Totalitarismus stelle demnach den Versuch dar, meinte Schuller, die Vergänglichkeit, die Nichtigkeit des Menschen manifest zu machen. In diesem Sinne sei das Morden des Totalitarismus ein mythischer Akt. Wer Kommunist sei oder Faschist, den kümmere die Realität nicht. Jedenfalls nicht die empirische. Kommunisten und Faschisten lebten in einer anderen Welt, mitten im Mythos, in einer uns unzugänglichen geschichtlichen Leidenschaft.

Alle Forschung, alles Nachdenken und Debattieren, kluge Bücher, bewegende Filme werden uns nicht von diesen düsteren Vergangenheiten befreien. Sie lasten auf unserem Land. Nichts wird uns von ihnen erlösen. Das müssen wir hinnehmen. Die Deutschen werden immer fragend vor diesen riesigen, schweigenden Bergen stehen, diese Eisblöcke ratlos umkreisen, nicht verstehen, wie es dazu kommen konnte. Sie werden keinen Trost daraus schöpfen können, dass auch unsere damaligen Gegner während des Zweiten Weltkrieges furchtbare Verbrechen an deutschen Frauen, Kindern und Greisen begangen haben. Der Vergleich entlastet nicht. Er nimmt nichts weg von deutschen Untaten. An Auschwitz – an dem, wofür diese Chiffre steht – ist nichts zu retten. Auschwitz wird an uns haften bleiben, so lange es Deutsche gibt. Wolf Jobst Siedler hat gesagt, Hitler habe die Juden physisch, die Deutschen seelisch umgebracht. Darf man das denken, darf man es sagen? Man kann es nur, wenn man trotz der partiellen Wahrheit solcher Sätze an eine Zukunft Deutschlands glaubt und die Hoffnung hat, dass unser Volk dennoch seine innere Balance wiederfindet, seine Zukunft kraftvoll und zuversichtlich in die Hand nehmen wird.

Wenn das Land mit sich selbst ins Reine kommen will, muss es sich mit seiner ganzen Vergangenheit mutig auseinandersetzen. Die untilgbaren Erinnerungen müssen hingenommen werden. Man muss als Deutscher mit der Vorstellung leben, dass überall nahe oder ferne Verwandte jener Generationen zu vermuten sind, die zu Mördern wurden. Aber das heißt nicht, dass alle Deutschen schuldig geworden sind, heißt nicht, dass auch nur die Mehrheit von ihnen aus Mördern bestanden hätte. Ebenso wenig kann man sagen, alle damaligen Deutschen seien für den kriminellen Teil der Landsleute verantwortlich. Nachdrücklich möchte man späteren Generationen die Einsicht ans Herz legen, die der Publizist Sebastian Haffner in seinem Buch „Von Bismarck zu Hitler" formuliert hat: „In einer Geschichte des Deutschen Reiches", schrieb er, „dürfen wir die Judenverfolgung und die versuchte Judenausrottung nicht verschweigen. Sie ist geschehen, und sie ist ein ewiger Schandfleck auf dieser Geschichte. Aber wir können sie andererseits nicht zu den Elementen zählen, die, wie so vieles andere im Führerstaat, in der Geschichte des Deutschen Reiches von vornherein angelegt waren. Auch ohne Hitler hätte es nach 1933 wahrscheinlich eine Art Führerstaat gegeben. Auch ohne Hitler wahrscheinlich einen zweiten Krieg. Einen millionenfachen Judenmord nicht." Wenn die Deutschen irgendwann in der Zukunft ihren Frieden mit sich selbst machen, werden sie ihn in solchen Sätzen finden.

So schrecklich die Erinnerungen an die Untaten unauslöschlich auf uns lasten, so deutlich ist auch, dass sie nicht die ganze deutsche Geschichte ausmachen, die mehr als ein Jahrtausend umfasst. Es ist falsch zu glauben, unsere Geschichte müsse und könne nur im Lichte der Vernichtungslager gesehen werden. Wir sollten uns gegenseitig dazu ermuntern, an vielen anderen Orten nach unseren Wurzeln zu suchen, tiefer in unseren Vergangenheiten zu graben. Dabei wird, wer unvoreingenommen ist, viel Positives finden. Welch kulturellen, geistlichen und geistigen Reichtum finden wir seit der Reformation im Raum zwischen Wittenberg und Weimar! Was hat das mitteleuropäische Deutschland allein im achtzehnten und neunzehnten Jahrhundert in Philosophie und Wissenschaft, Musik, Literatur und bildender Kunst der Welt gegeben! Im Einzelnen wird jeder die Akzente anders setzen. Es kann kein einheitliches Geschichtsbild geben. Viele wichtige Erinnerungen sind regional. Es ist sogar immer wieder gefragt worden, ob es überhaupt eine deutsche Geschichte gibt oder

Stolz über das Erreichte, auch auf über 60 Jahre Demokratie in Deutschland.

nicht vielmehr verschiedene, eher unverbundene Geschichten. Wie viele Dynastien – die Sachsen, Salier, Staufer, Habsburger, Hohenzollern, um nur einige besonders wichtige zu nennen – wie viele, viele Hauptstädte! Vielleicht ist die Wandlungsfähigkeit und Vielgestaltigkeit Deutschlands, die Europa im Kleinen nachbildet, unser wichtigstes Kennzeichen. Nur Gleichgültigkeit uns selbst gegenüber kann dazu führen, diesen Reichtum angesichts von Auschwitz für irrelevant zu halten. Es ist eine bedauerliche Verkümmerung, sich als Deutscher nichts aus der Vergangenheit positiv anrechnen zu wollen. Wir sollten uns nicht die Menschenfeindlichkeit und den Vernichtungswillen Hitlers und seiner Bewegung zu eigen machen. Wir dürfen seinen Nihilismus nicht verinnerlichen, nicht auf unsere ganze Geschichte anwenden. Sie kann sich doch insgesamt sehen lassen. Die Deutschen haben über Jahrhunderte hinweg in Europa konstruktiv gewirkt. Im späten 19., frühen 20. Jahrhundert waren wir, zusammen mit einer, allenfalls zwei Zivilisationen eine Leitkultur für die ganze Welt. Wie stark ist seither unser Selbstvertrauen geschrumpft! Heute fragen wir uns sorgenvoll, ob wir das Recht haben, für Deutsche wie vor allem für die Zuwanderer eine verbindliche Leitkultur innerhalb der jetzigen Grenzen zu fordern. Unser Kleinmut ist kläglich.

Goethe hat im Zeichen der Hellas-Begeisterung gefordert: „Jeder sei ein Grieche auf seine Weise, aber er sei's." Das gilt auch für uns Deutsche heute. Jeder sollte sich vergegenwärtigen, was ihm aus der deutschen Vergangenheit wichtig ist, und vermitteln und weitertragen, was er an unserem Volke wertvoll findet. Dabei wird immer vieles aus anderen Völkern ins Deutsche einfließen. Es macht unseren Reichtum aus, dass wir immer ein Transitland, ein Ort der Begegnungen und Einflüsse aus allen Himmelsrichtungen gewesen sind, eine leuchtende Farbe im großen europäischen Teppich.

Eine aufgeschlossene Grundeinstellung, die Bejahung unseres Volkes durch die Deutschen, wird befreiend wirken. Sie wird keinesfalls heißen, obwohl das manche fürchten, wir würden dann den großen, schweigenden Eisberg vergessen. Das wird nicht der Fall sein. Aber sobald sich die Deutschen als das erkennen, anerkennen, was sie über lange Strecken ihrer Geschichte gewesen sind – ein bescheidenes, menschenfreundliches, tüchtiges, auch friedliches Volk –, werden sie Auschwitz leichter ertragen, werden diesen Ort des Schreckens nicht mehr für das zentrale Ereignis, nicht für die Essenz unserer Geschichte halten. Um Europa dienlich zu sein, dürfen wie das braune Verhängnis natürlich nicht verdrängen. Aber wir müssen dennoch gleichzeitig eine gute Meinung von uns selber haben, müssen unsere Selbstachtung zurückgewinnen.

Dafür bedarf es öffentlicher Emotionen. Die Bundesrepublik war lange Zeit aus guten Gründen stolz darauf, ein ganz und gar rationales Gebilde zu sein. Alle Politik, aller Erfolg wurden nur daran gemessen, wie viel Geld gemacht und bewegt wurde, was wohlfahrtsstaatlich den Bürgern angeboten werden konnte. Selbst die unerhörte Begebenheit der Wiedervereinigung wurde nicht als das Glück einer Rückkehr kulturell reicher Gebiete in das gemeinsame Land gesehen, sondern nur unter dem Gesichtspunkt betrachtet, was sie kostete. Diese Reduzierung unserer Lebenseinstellung ist tief bedauerlich. Allenfalls war sie vor fünfzehn Jahren immer noch erklärlich als Reaktion auf den Missbrauch aller Emotionen im Dritten Reich. Heute darf das nicht mehr gelten.

So wie Gefühle für jeden Einzelnen unerlässlich sind, wenn er nicht krank werden soll, spielen öffentliche, positive Emotionen für jedes Land eine wesentliche Rolle. Von ihnen hängt die innere Balance, Festigkeit und Ausstrahlung ab. Wer sich als Einzelner nicht bejahen kann, ist für seine Umgebung kein Vergnügen, sondern eine Last. So lange die Deutschen sich mit ihrem negativen Nationalgefühl, ihrem Selbsthass quälen, werden sie für andere unberechenbar sein. Wir werden für uns wie für unsere Nachbarn erfreulicher, wenn wir lernen, ohne Selbstüberhebung gern Deutsche zu sein.

Man hat gesagt, dass eine Nation an ihrer Überzeugung zu erkennen sei, große Dinge in der Vergangenheit getan zu haben, und an der Entschlossenheit, sie auch in Zukunft zu tun. Sind wir eine Nation, wollen wir Großes tun? – ganz groß muss Deutschland ja nicht mehr sein. Es gibt seit langem bei uns ein seltsames Schwanken zwischen einer – jedenfalls rhetorisch – weltweiten Beglückungsbereitschaft und einer kleinmütigen, zerknirschten Selbstverleugnung. Die Deutschen wissen im Grunde nicht, was sie wirklich wollen sollen in dieser Welt. Sie besaßen nie eine eigene zivilisatorische Idee, wussten nie, in welche Formeln sie das kleiden sollten, was ihnen als wertvoll vorschwebte, um es anderen Völkern nahe zu bringen, sie für uns einzunehmen. Die Russen hatten den Panslawismus, die Franzosen ihre Ideen von 1789, die Briten und Amerikaner lange demokratische Traditionen. Bei uns nichts dergleichen. Orientierungsschwierigkeiten, Unberechenbarkeiten. Das macht uns haltlos, erschwert auch alle Diskussionen über Einbürgerungen und Staatsangehörigkeiten.

Was meinen wir mit Integration? Welche Werte sollen gelten? Was erwarten wir von neuen Mitbürgern? Welche Kenntnisse müssen sie nachweisen, welche Leistungen erbringen?

Wenn unser Deutschland nur eine Versorgungsgemeinschaft und Umverteilungsagentur von Geldern und Chancen ist, wird es keinen Bestand haben, Selbstgefühl und Würde nicht zurückgewinnen. Jeder weiß aus seinem eigenem Leben, dass man nicht allein von materiellen Leistungen leben kann. Seelische Kräfte spielen eine entscheidende Rolle. Was wollen wir aus den letzten fünf Jahrzehnten in das Erbe der Menschheit einfließen lassen? Gibt es Leistungen der DDR, die in das Gedächtnis der Welt eingehen können? Und die Bundesrepublik? Im Wahlkampf von 1972 betonte Willy Brandt den Stolz auf das eigene Land, auf das Modell Deutschland, unter dem man damals wohlfahrtsstaatliche Errungenschaften, Mitbestimmungsmodelle, weit geöffnete Bildungssysteme verstand. Heute betrachten wir all dies nicht ohne Skepsis. Aber die Bundesrepublik kann bis heute stolz darauf sein, dass sie über ein halbes Jahrhundert hinweg – die längste gute Phase, die wir in der neueren Geschichte gehabt haben – eine weltweit geachtete, lebendige Demokratie, eine kraftvolle Wirtschaft, umfassenden Rechtsschutz und auch ein leistungsfähiges Sozialsystem entwickelt hat. Diese Pfeiler unseres Selbstvertrauens sind noch immer fest in den Köpfen und Herzen der Mitbürger verankert. Aber zugleich müssen wir uns auf soziale Einschränkungen gefasst machen. Damit wird die Beantwortung der Frage dringlich: Was hält Deutschland in Zeiten der Not zusammen?

Was uns fehlt, hat einmal der ungarische Schriftsteller György Konrád angedeutet, damals Präsident der Berlin-Brandenburgischen Akademie der Künste. Bei der Eröffnung einer Ausstellung im Deutschen Historischen Museum über die Mythen der europäischen Nationen fragte er: Was hält Gemeinschaften zusammen, was Religionen und Familien, Nationen und Parteien? Es sind gemeinsame Märchen, das, was wir lesen, worin wir unterwiesen werden, was wir auf Schritt und Tritt hören, etwa im Radio, im Fernsehen, wovon in der Familie oder der Kneipe die Rede ist, was wir uns durch Bildung aneignen. Der Mensch hat das Bedürfnis, irgendwohin zu gehören. Die Masse der Bevölkerung muss sich nicht sonderlich den Kopf darüber zerbrechen. Denn sie erbt eine Märchensammlung, die für das kollektive Ego eher angenehm als unangenehm ist. „Jede Nation", sagte er, „braucht eine Abstammungssage, ruhmreiche Anekdoten und Erinnerungen an gemeinsame Leiden. Wenn wir keine Geschichte haben, existieren auch wir selbst nicht." Zu den religiösen Festen gesellen sich die nationalen. Die Erzählungen, die an sie anknüpfen, haben emotionale Wirkungskraft. An den Loyalitäten gegenüber dem Mythos lässt sich die Loyalität der Bürger zum Staat ablesen. Offenbar gibt es das Bedürfnis, vom gemeinsamen Selbst gelegentlich ergriffen zu sein. Man braucht erhebende Feste, bei denen man die Alltäglichkeit hinter sich lässt. „Die sonntäglichen Hochgefühle sind wichtig. Nötig sind nicht nur Wein und Fleisch, sondern auch das Pathos." Was die Kirche früher war, wurde später das Vaterland. „Die kollektiven Mythen sind unvermeidlich", schloss Konrad. „Lediglich ihr Äußeres wandelt sich. Dies ist der Stoff, aus dem wir gemacht sind."

In der erwähnten Ausstellung wurden die Mythen der Völker an Beispielen illustriert. Für die Deutschen des neunzehnten Jahrhunderts waren wichtig die Schlacht im Teutoburger Wald, der Tod Barbarossas, die Reformation als nationalgeschichtliches Ereignis, die Befreiungskriege und die Reichsgründung. Heute sähe die Auswahl sicher anders aus, obwohl man darüber im einen oder anderen Falle streiten kann. Zumindest die beiden letzten Ereignisse könnten noch immer Anknüpfungspunkte gemeinsamer Selbstvergewisserung sein. Jedoch kommen jetzt auch andere Daten in Betracht, zum Beispiel die Revolution von 1848.

Selbst wer nicht weit in die Vergangenheit zurück möchte, findet in der Mitte unseres zwanzigsten Jahrhunderts zwei Ereignisse in

Deutschland, die „mythenfähig“ sind, anders ausgedrückt, Vorbildcharakter haben und Anlass zur Freude, Gelegenheit zu gemeinsamem Stolz bieten.

Der 3. Oktober, unser jetziger Nationalfeiertag, gehört nicht dazu. Er ist nichtssagend, inhaltsleer, nicht überhöhungsfähig. Kaum jemand weiß, weshalb wir gerade diesen Tag feiern. Wer herumfragt, wird selten Richtiges hören. Und selbst wer die zutreffende Antwort kennt, ist als Lehrer in großer Verlegenheit, was er Schulkindern aus diesem Anlass erzählen soll. Die Benennung dieses Tages war ein Missgriff. Kein Wunder, dass jede öffentliche Diskussion vermieden wurde.

Der frühere Nationalfeiertag der Bonner Republik, der 17. Juni, war bis zur Wiedervereinigung problematisch. Denn die Westdeutschen feierten etwas, was die DDR-Deutschen acht Jahre nach Kriegsende getan hatten. Seitdem die beiden Teile des Landes wieder

Arnulf Baring: klarer Unterstützer eines unverkrampften und fröhlichen Umgangs mit Patriotismus.

zusammengekommen sind, fällt dieser Einwand weg. Im Gegenteil sprach – und spricht immer weiter – viel dafür, diesen Tag jetzt gesamtdeutsch zu begehen und damit den Heroismus der Ostdeutschen zu feiern. Es wäre nur gerecht gewesen, wenn die Zivilcourage dieser unserer Landsleute dauerhaft gewürdigt worden wäre. Obendrein hätte man damit den Herbst 1989 in die richtige historische Perspektive gerückt. Denn was 1953 an den sowjetischen Panzern gescheitert war, wurde ohne das Eingreifen der Russen 36 Jahre später zum Erfolg.

Unser Volk quält sich zu Recht mit seinem nationalsozialistischen Erbe. Um so unverständlicher ist es, dass es sich auch schwertut mit erhebenden Erinnerungen seiner Geschichte, auf die es stolz sein könnte, über die es glücklich sein müsste. Was haben die Franzosen aus dem Sturm auf die Bastille gemacht, einem – historisch genau betrachtet – bescheidenen, risikoarmen Ereignis! Und wir? Unser Land ist nicht so reich an eindrucksvollen Freiheitsbewegungen, das es sich Vergesslichkeit erlauben dürfte und leisten könnte.

Ein wirklich großer Augenblick unserer Geschichte waren nämlich die Tage und Taten des 16./17. Juni 1953. Erstmals im damaligen Ostblock, drei Jahre vor den Ereignissen in Polen und Ungarn 1956, fünfzehn Jahre vor dem tschechoslowakischen Frühling 1968, kam es in jenen Junitagen im sowjetisch besetzten Teil Deutschlands zu einer machtvollen Erhebung. Innerhalb weniger Stunden wuchs ein sozialpolitischer Demonstrationszug, mit dem Bauarbeiter der Stalin-Allee gegen die administrativ verordnete Lohndrückerei des SED-Regimes aufbegehrten, zu einem wirklichen Volksaufstand in der gesamten DDR an. Der 16./17. Juni war eine Revolte aus dem Volke, spontan, ohne eigentliche Führung, von anrührender Humanität. Denn man hat damals, vielleicht naiv, statt Bahnhöfe, Postämter, Rundfunksender zu besetzen, als Erstes unschuldig eingesperrte Landsleute, politische Gefangene, zu befreien versucht. Im Laufe weniger Stunden beteiligten sich in Hunderten von Orten viele Hunderttausende von Menschen. Höhepunkt waren überall Massenkundgebungen, bei denen spontan die Einheit und Freiheit Deutschlands gefordert wurde: Menschenrechte, freie Wahlen, Demokratie.

Seit 1945 hatte die Sowjetunion gewaltsam die Umgestaltung ihrer Zone vorangetrieben, seit Sommer 1952 hatte die rücksichtslos forcierte, sozialistische Verformung unerträgliche Ausmaße angenommen. Hunderttausende waren währenddessen in den Westen geflohen. Unter denen, die blieben, wuchs die Empörung, die sich nach Stalins Tod explosionsartig Luft machte. Hätten damals die Russen nicht gewaltsam eingegriffen, wäre das Regime, dessen Führer die Hauptstadt bereits fluchtartig verlassen hatten, schon im Sommer 1953 und nicht erst im Herbst 1989 von dieser elementaren Volksbewegung hinweggefegt worden. Was vor anderthalb Jahrzehnten glücklich gelang, endete 1953 in Erschießungen, in langen Einkerkerungen. Tausende mussten in Gefängnissen ihren Freiheitswillen büßen.

Der 17. Juni war und ist, seit 1989 erst recht, für immer ein Anlass stillen deutschen Stolzes. Der Mut, die Entschlossenheit der Männer und Frauen unseres Volkes, die für die Ziele dieses Tages viele Jahre der Haft, ja in mehr als hundert Fällen ihr Leben hingegeben haben, müssen im Gedächtnis der Nation bewahrt werden. Denn wofür sie eintraten, bildet heute und in Zukunft die Grundlage unseres gemeinsamen, jetzt glücklich wieder vereinten Staates: Deutschlands Einheit in Freiheit, der Menschlichkeit verpflichtet, eine wirkliche Demokratie.

Das andere der beiden großen erinnerungswürdigen Ereignisse unserer jüngsten Geschichte ist der 20. Juli 1944. An diesem Tage explodierte, wenige Meter von Hitler entfernt, bei der Lagebesprechung im ostpreußischen Führerhauptquartier nahe Rastenburg eine Bombe, die dort unter dem Kartentisch von dem jungen, schwer kriegsverletzten Oberst Claus Schenk Graf von Stauffenberg, Vater von vier kleinen Kindern, deponiert worden war. Als Generalstabsoffizier gehörte er zu den ganz wenigen, die Zugang zum Führer hatten. Hitler blieb unverletzt. Noch am Abend des gleichen Tages wurde

Ausreichend Zeit, mit Arnulf Baring ins Gespräch zu kommen – sowohl während der Veranstaltung als auch beim Empfang im Anschluss.

Stauffenberg im Hof des Berliner Bendlerblocks zusammen mit drei Mitverschwörern erschossen. Aber mit dieser Tat, die das noch immer weithin gottähnlich verehrte Staatsoberhaupt zu beseitigen versuchte, hat Stauffenberg die Ehre Deutschlands gerettet.

Bei der Opposition gegen Hitler handelte es sich um eine Ansammlung höchst ungleichartiger, nach Herkunft, Denkungsart und politischer Richtung in vieler Hinsicht voneinander verschiedener Einzelner. Im Grunde wusste jeder, dass der Staatsstreich ohne ernsthafte Erfolgschance war. Selbst ein gelungenes Attentat hätte das Land nicht aus dem Würgegriff der Machthaber befreit. Der Kampf um Hitlers Erbe im Inneren hätte dann erst begonnen, sein Ausgang wäre überaus ungewiss gewesen. Es gab außerdem keinerlei Aussicht, an der bedingungslosen Kapitulation vorbeizukommen, auf die sich die Kriegsalliierten verständigt hatten. Insofern ist immer wieder argumentiert worden, es sei gut gewesen, dass der Anschlag auf Hitlers Leben in der ostpreußischen „Wolfschanze" scheiterte. Denn er hätte zum Zusammenbruch der Fronten zumal im Osten, hätte zum Bürgerkrieg führen können, hätte vor allem mit einer neuen Dolchstoßlegende den Beginn der späteren Bundesrepublik schwer belastet. Auf der anderen Seite steht solchen Erwägungen gegenüber, dass eine immerhin denkbare, frühere Beendigung des Krieges nach dem Tode Hitlers Millionen Menschen das Leben gerettet, anderen unsägliches Leid erspart, auch die Zerstörung vieler unserer historischen, wunderschönen Städte verhindert hätte.

Aber bei der Würdigung dieses Tages kommt es auf solche Erwägungen nicht an. Die Attentäter handelten, obwohl sie wussten, dass ihr Unternehmen fast aussichtslos war. Der 20. Juli war vor allem eine symbolische Tat. Darin lag sein Sinn, seine Rechtfertigung. Gerade die Aussichtslosigkeit des Unternehmens hat ihm seine moralische Größe gegeben. Ohne Rückhalt im eigenen Volk und ohne Ermutigung des Auslands haben die Verschwörer im Grunde aus Selbstachtung gehandelt, aus Verantwortungsgefühl unserem Volk gegenüber. Deutsche Soldaten wollten unter Einsatz ihres Lebens ein Beispiel geben. Der 20. Juli war eine heroische Tat, die Tausende unserer besten Köpfe mit dem Leben bezahlt haben.

Schon diese beiden Daten unserer jüngsten Vergangenheit zeigen, dass auch unser Volk Anlass hat, stolz zu sein. Im einen Falle waren es Angehörige der Elite aller politischen Richtungen, die sich gegen die Tyrannei erhoben haben, im anderen war es eine spontane Massenbewegung. In beiden Fällen ging es um die Würde des Menschen, um Gerechtigkeit, um Verantwortung für das Gemeinwesen. Man muss also gar nicht weit zurückgehen, dann findet man auch in Deutschland bewundernswerte Beispiele des Freiheitswillens und des Mutes.

Traditionen verstehen sich nicht von selbst. Sie können nicht beliebig geschaffen werden. Andererseits hat uns der Historiker Eric Hobsbawm belehrt, wie viele ehrwürdige Traditionen, die wir für althergebracht halten, relativ jung sind, etwa in England erst im neunzehnten Jahrhundert erfunden worden sind. Auch die eindrucksvolle Kontinuität der französischen Nationalgeschichte von Karl dem Großen oder Ludwig dem Heiligen über Heinrich IV., Ludwig XIV., Napoleon und Charles de Gaulle bis hin zu Jacques Chirac ist nicht naturwüchsig, sondern eine bewusste Konstruktion. Sie postuliert eine Folgerichtigkeit, die die Zeitläufe nicht unbedingt besaßen.

Trotz der Probleme, die wir mit der deutschen Geschichte haben, die jedoch ab und an auch wehleidig übertrieben werden, sollten wir uns an den Franzosen in dieser Hinsicht ein Beispiel nehmen. Ohne die Brüche zu verschweigen, die auch andere Länder immer wieder erlebt haben, könnten wir einen sinnvollen, folgerichtigen Zusammenhang finden und begreifen. Man muss die Vielgestaltigkeit, Vieldeutigkeit und Offenheit unserer Geschichte annehmen. Sie ist nicht nur beunruhigend, nicht nur Anlass zur Sorge. Man kann aus ihr auch Mut schöpfen. Auch unsere Vergangenheit hat viele große Momente. Wir haben durchaus Grund zu Selbstvertrauen, Würde und bescheidenem Stolz. Was uns im letzten halben Jahrhundert gelungen ist, war nach dem Vorangegangenen nicht selbstverständlich. Es ist, alles in allem, eine großartige Leistung.

Von Präsidenten der französischen Republik bis zu einfachen Bürgermeistern auf dem Lande weiß man, dass sie in feierlichen Augenblicken, etwa am Nationalfeiertag, die Republik und Frankreich hochleben lassen: „Vive la Republique, vive la France!" Diese freudige Bejahung der Staatsform, die wir uns gegeben haben, und Deutschlands, in dem wir leben, das wir mehr lieben sollten, könnten wir mit fröhlicher Selbstverständlichkeit auch bei uns einführen, zur guten Gewohnheit werden lassen. Die lange, lange Geschichte Deutschlands und das in fünfzig Jahren Bundesrepublik glücklich Erreichte rechtfertigen es, dass auch wir feierlich ausrufen: „Es lebe die Republik, es lebe Deutschland!"

„Der Mensch ist unantastbar"

Eberhard Schockenhoff
Hessischer Landtag, 10. Oktober 2006

1. Prinzipien und Kriterien bioethischer Urteilsbildung

1.1 Menschenwürde und Lebensschutz

Dem universalen Menschrechtsethos, dessen Anerkennung die Demokratie voraussetzt, liegt der Gedanke zugrunde, dass Menschenwürde und Menschenrechte unterschiedslos allen Menschen zukommen. Weder soziale Statuseigenschaften noch biologische Differenzmerkmale wie Hautfarbe, Geschlecht, Rasse oder Alter können eine Einschränkung rechtfertigen. Würde dem menschlichen Embryo allein deshalb, weil er sich noch in der Anfangsphase seiner Existenz befindet oder weil er seine spätere Gestalt noch nicht ausgebildet hat, nur eine eingeschränkte Schutzwürdigkeit zugestanden, käme dies in der Geschichte der menschlichen Zivilisation einem

Rückschritt gleich. Die lange Reihe ethnischer, rassistischer oder geschlechtsbezogener Diskriminierungen würde nämlich durch eine neuartige entwicklungsbedingte Benachteiligung abgelöst, die auf die embryonale Existenz des Menschen zielt. Daran ändert auch die terminologische Unterscheidung nichts, die dem Embryo zwar das menschliche Leben (human being), aber nicht das volle Menschsein (human life) zusprechen möchte.[1] Abgesehen davon, dass diese semantische Differenzierung einseitig von den Interessen der bereits Geborenen geleitet ist und schon deshalb diskriminierenden Charakter trägt (warum sollte eine ähnliche Sprachregelung nicht auch am Lebensende zulässig sein?), führt eine derartige nominalistische Aufspaltung des Menschseins in der Sache nicht weiter. Denn unleugbar ist der Embryo ein Lebewesen von der Art des Menschen; die genannte sprachliche Unterscheidung bringt uns daher einer Antwort auf die Frage, warum wir ihm die dem Menschen geschuldeten Rechte vorenthalten dürften, keinen Schritt näher.[2]

Die Ausdehnung des Menschenrechtsgedankens auf die Schwachen und Rechtlosen, welche die statusverleihenden Merkmale nicht besaßen, die ihnen auf dem kulturellen Hintergrund ihrer Zeit gesellschaftliche Anerkennung hätten verleihen können, folgte immer einer einfachen Wahrheit. Hinter allen moralischen, geistigen oder statusbedingten Qualifizierungen, welche die Menschen in Stärkere und Schwächere, Gute und Böse, Weiße und Schwarze einteilten, trat als gemeinsame Grundlage das nackte biologische Menschsein hervor. Auch diejenigen, die zuvor als Hexen, Verbrecher und Volksschädlinge verfolgt oder als Schwarze, Behinderte und Angehörige einer religiösen Minderheit benachteiligt wurden, waren Menschen: aufgrund ihres gesellschaftlichen Status verschieden, aber im entscheidenden Merkmal der biologischen Abstammung allen anderen gleich.[3] Dagegen entspricht die Unterscheidung von biologischer Artzugehörigkeit und einer durch einen kulturellen Zuschreibungsakt erfolgenden Anerkennung als Mensch, die im Zeitalter der Biopolitik dazu dienen soll, die Menschenwürde des Embryos einzuschränken, exakt der Argumentationsweise, die in früheren Epochen dazu verwandt wurde, bestimmten Angehörigen der menschlichen Art das volle Menschsein abzusprechen. Auch in früheren Zeiten konnte diesen im damaligen gesellschaftlichen Bewusstsein so überaus plausiblen Ausgrenzungsversuchen nur die schlichte Tatsache entgegengehalten werden: dass auch diese „Wesen" aus keinem anderen Grund als nur dem, weil sie im biologischen Sinn Menschen sind, an der einen unteilbaren Menschenwürde teilhaben. Daher sind sie Träger derjenigen Rechte, die dem Menschen als solchem zukommen.

Soll sich das gebieterische Postulat der Anerkennung von Menschenwürde und Menschenrechten dagegen nur auf einen Kreis von Anspruchsberechtigen beziehen, denen wir die Trägerschaft dieser Rechte zuvor in einem kulturellen Zuschreibungsakt verliehen hätten, so wäre bereits der Grundakt der Anerkennung eines Unbedingten, um den es im Gedanken der Menschenwürde geht, durch diskriminierende Einschränkungen relativiert. Die Rede von der Menschenwürde wäre dann um ihren Sinn gebracht, denn sie könnte die entscheidende Funktion, die sie in der Vergangenheit hatte, nicht mehr erfüllen: das Menschsein der Schwachen und Rechtlosen ungeachtet aller weiteren Nützlichkeitserwägungen zu schützen. Dass soziale Ausgrenzungen im Zeitalter von Demokratie und Wissenschaft ein für alle Mal überwunden wären, mag unseren kulturellen Überlegenheitsgefühlen schmeicheln, doch ist diese Annahme durch nichts bewiesen. Die zivilisatorische Decke, auf der wir stehen, ist dünner, als wir ahnen, und wenn die nutzengeleitete Abwägung von Leben gegen Leben an den Randzonen der Gesellschaft erst einmal mit staatlicher Billigung praktiziert wird, erscheint ein weiterer Einbruch jederzeit möglich.

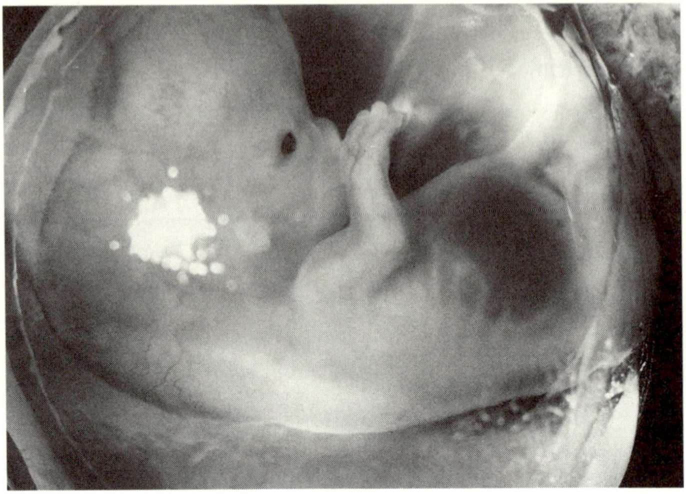

Absoluten Embryonenschutz statt Instrumentalisierung des menschlichen Lebens fordert Eberhard Schockenhoff.

Die Argumentation, die dem Embryo das volle Lebensrecht absprechen und den Umfang des Tötungsverbotes durch Ausnahmen zugunsten der Wissenschaft einschränken möchte, markiert selbst den ersten Schritt einer derartigen Entwicklung. Sie beruht nämlich auf einer heimlichen Ausweitung der Ausnahmen vom Tötungsverbot, die unsere Rechtsordnung bislang zulässt. Notwehrtötungen oder der finale Polizeischuss bei einem Geiseldrama dienen der Abwehr einer akuten Lebensbedrohung, die sich nicht anders als durch die Ausschaltung der Gefahrenquelle abwenden lässt. Der Embryo jedoch bedroht niemanden; von ihm geht keinerlei Gefahr aus. Er ist ein schwaches und schutzloses menschliches Wesen, das zudem erst durch menschliches Handeln in die prekäre Situation seiner extrakorporalen Existenzweise gebracht wurde. Ihn zum Zwecke der Stammzellgewinnung zu töten oder im Rahmen einer Präimplantationsdiagnostik durch Selektion zu verwerfen, stellt eine Instrumentalisierung menschlichen Lebens dar, die durch den Hinweis auf die Erlaubtheit von Notwehrhandlungen bei eigener Lebensbedrohung keineswegs gerechtfertigt werden kann.

Eine solche Argumentation verkennt die fundamentale Stellung, die dem Basisgut „Leben" innerhalb einer demokratischen Rechtsordnung zukommt. Das physische Leben bildet die existenzielle Grundlage der Person und ihrer geistigen Akte; es muss daher auch dort wirksam geschützt werden, wo diese zu den spezifischen Vollzügen des Menschseins noch nicht in der Lage ist. Das Menschenbild der Bibel und eine ganzheitliche philosophische Anthropologie stimmen darin überein, dass der Leib und das physische Leben keine der sittlichen Freiheit des Menschen äußeren Güter darstellen, die in einer rein instrumentellen Beziehung zu seiner Wesensbestimmung als sittlichem Subjekt stehen. Der Leib ist vielmehr das unhintergehbare Ausdrucksmedium, in dem sich die menschliche Person in allen ihren Akten, auch und gerade in ihrem geistgeprägten Verhalten und in ihrem kommunikativen Handeln notwendig darstellt.

Weil der Mensch sich in seinem Vermögen zur moralischen Selbstbestimmung nicht anders als in seinem Leib und durch seinen Leib gegeben ist, darf der Respekt vor seiner Personwürde nicht erst der vollen Ausprägung von Selbstbewusstsein, Rationalität und bestimmten aktuellen Eigenschaften entgegengebracht werden; er muss vielmehr das gesamte zeitliche Kontinuum und das leibliche Ausdrucksfeld umfassen, das die geistigen Selbstvollzüge der Person trägt und ermöglicht. Das aber heißt: Wir achten einen anderen Menschen nur dann, wenn wir ihn auf der jeweiligen Entwicklungsstufe und in der konkreten Gestalt anerkennen, wie er uns begegnet, sei dies als gesunder Mensch auf der Höhe seiner Entfaltungsmöglichkeiten, sei es als kranker, behinderter, sterbender oder noch ungeborener Mensch in der besonderen Verletzlichkeit seines leiblichen

Daseins. Deshalb beruht das Grundprinzip einer humanen Lebensethik, wonach wir dem menschlichen Leben von seinem Anfang bis zum Ende in jeder Form, in der es uns entgegentritt, die gleiche Achtung schulden, nicht auf einer religiösen Überschätzung des Lebens, sondern auf dem Respekt, den wir in unserer demokratischen Rechtskultur der Freiheit und Selbstbestimmung jedes einzelnen Menschen entgegenbringen.[4] Die Anerkennung der Menschenwürde muss, soll sie überhaupt gelten und nicht bereits durch den Vorgang ihrer Anerkennung den Keim der Relativierung in sich tragen, für die ganze individuelle Zeitspanne eines Menschenlebens gelten und alle Entwicklungsstufen, Situationen und Zustände umfassen, die in ihrer Summe die zeitliche Existenz eben dieses Menschen ausmachen. Werden am Lebensanfang oder am Lebensende bestimmte Situationen oder Zustände davon ausgenommen, erfolgt der Akt der Anerkennung nicht mehr unbedingt, sondern unter Voraussetzungen, die einseitig von denen definiert werden, die diese Voraussetzungen erfüllen. Eben diese asymmetrische Zuschreibung – wir befinden darüber, wem wir von welchem Zeitpunkt an nach welchen Kriterien Menschenwürde zusprechen wollen – ist mit der fundamentalen Gleichheit unvereinbar, die innerhalb der demokratischen Gesellschaft alle umfassen muss. Damit dieses „alle“ aber nicht wiederum einseitig nach sozialen oder kulturellen Statuskriterien eingegrenzt wird, muss es schlichtweg für alle gelten, die vom Menschen abstammen, d.h. im biologischen Sinn Menschen sind.

1.2 Kriterien einer umfassenden moralischen Bewertung

Die Befürworter der embryonalen Stammzellenforschung oder des biomedizinischen Forschungsklonens argumentieren in der Regel mit den hochrangigen Zielsetzungen, die sie verfolgen. Zweifellos stellen wissenschaftliche Grundlagenforschung und die Möglichkeit künftiger Therapien Güter von hohem Wert dar; ebenso ist es ein berechtigter Wunsch, dass Eltern, die bereits ein schwer behindertes Kind haben, auf ein eigenes gesundes Kind hoffen. Eine umfassende ethische Bewertung dieser Verfahren darf jedoch nicht allein auf die Zielsetzung abstellen, Krankheitsursachen zu erforschen oder Risikopaaren den Wunsch nach einem gesunden, genetisch eigenen Kind zu erfüllen. Vielmehr muss sie auch ein Urteil über die zu diesem Ziel führende Methode enthalten und darf auch eine Bewertung der zu erwartenden Folge nicht ausklammern. Es genügt daher nicht, der Beurteilung einzelner biotechnologischer Szenarien allein auf die Intentionen der Handlung abzustellen, deren Hochrangigkeit problemlos erscheint. Statt diese im Allgemeinen anerkennenswerten Intentionen von dem zu ihrer Verwirklichung erforderlichen Verfahren und den damit verbundenen Folgen zu trennen, erfordert ein umfassender Bewertungsansatz die Einbeziehung aller ethischen Urteilskriterien. Die Bewertung eines bestimmten biomedizinischen Experiments muss daher aus ethischer Sicht sowohl die angestrebten Ziele als auch die Einzelschritte der gewählten Methode wie schließlich die erkennbaren oder zu erwartenden Folgen berücksichtigen. Nur wenn wir eine Handlungsweise auf allen drei Ebenen der ethischen Urteilsbildung – der Rechtfertigung der Zielsetzung, der Überprüfung der Mittel und der Verantwortung der Folgen – bejahen können, ist die Handlungsweise moralisch gerechtfertigt. Wenn dagegen eines der genannten Urteilskriterien bei sorgfältiger Prüfung zu einer negativen Antwort zwingt, reicht die Zielsetzung allein nicht aus, die Handlung als Ganze zu legitimieren. Dies gilt insbesondere dann, wenn die als Mittel gewählte Handlungsweise einen Verstoß gegen die Menschenwürde oder die Instrumentalisierung menschlichen Lebens durch seinen fremdnützigen Gebrauch impliziert.

1.3 Regeln zur Auflösung von Güterkollisionen

Zu den drei genannten Kriterien eines umfassenden moralischen Urteils, nach denen auch konkrete Einsatzfelder der Biotechnologie wie die Stammzellenforschung, die Präimplantationsdiagnostik oder das biomedizinische Forschungsklonen zu bewerten sind, tritt eine Konfliktregel, die im Fall einer Kollision elementarer Güter heranzuziehen ist. In den meisten bioethischen Konfliktsituationen stehen auf beiden Seiten moralische Güter auf dem Spiel. Nicht nur das Lebensrecht des Embryos stellt ein schützenswertes Gut dar, sondern auch die Forschungsfreiheit und die Entwicklung neuer Therapien sind prima facie hochrangige Güter, deren Einschränkung der Rechtfertigung bedarf. Wie aber soll im Fall einer unvermeidlichen Güterkollision entschieden werden? Die Konfliktregel, nach der den negativen Unterlassungspflichten ein Vorrang vor den positiven Handlungspflichten zukommt, besagt das Folgende: Wenn man die jeweilige Handlungsweise für sich betrachtet (z.B. nicht töten oder einem Hilfsbedürftigen helfen), dann ist die positive Handlung als ein Akt der Nächstenliebe moralisch wertvoller als das reine Unterlassen einer unerlaubten Handlung. Wenn aber im Konfliktfall die positive Wirkung für den einen nur erzielt werden kann, wenn dafür dem anderen ein ungerechtfertigter Schaden zugefügt wird, ist die Gesamthandlung durch die Absicht zu helfen keineswegs gerechtfertigt. Vielmehr gilt dann das genannte Prinzip, nach dem im Zweifelsfall den negativen Unterlassungspflichten der Vorrang vor den positiven Handlungspflichten zukommt. Wenn wir einem kranken Menschen nur helfen können, indem wir die fundamentalen Rechte eines anderen verletzen, wiegt diese Rechtsverletzung schwerer als die Hilfsabsicht. Diesem Prinzip der allgemeinen Ethik entspricht innerhalb der medizinischen Ethik der Grundsatz des non nocere. Das Nicht-Schadens-Prinzip (principle of non maleficence) hat den Vorrang vor dem Prinzip des allgemeinen Wohltuns (principle of beneficence), woraus folgt, dass wir eine Handlung unterlassen müssen, deren erwünschte Folgen nur um den Preis der Vernichtung fundamentaler Güter oder der moralischen Rechte Dritter erkauft werden könnten.

Dagegen wird häufig argumentiert, auch die Bekämpfung von Krankheiten fördere das Leben – eben das von der Krankheit bedrohte Leben der Patienten. In einem Zielkonflikt innerhalb der Aufgabe, Leben zu schützen und zu fördern, könne die Einschränkung des Lebensschutzes für den Embryo aber vertretbar sein, wenn dem hochrangige Güter der bereits Geborenen gegenüberstünden. Gegen dieses Konzept eines nur graduellen Schutzes, das es erlaubt, menschliches Leben in seiner Anfangsphase zu opfern, erheben sich jedoch unüberwindliche Bedenken. Zunächst bleibt unklar, was der dem Embryo geschuldete Respekt eigentlich meint, wenn ihn dieser „Schutz" nicht einmal vor dem äußersten Übel, nämlich der physischen Vernichtung, bewahrt. Zudem übersieht diese Argumentation den defensiven Aspekt des Tötungsverbots. Jedes unschuldige menschliche Wesen hat ein absolutes Recht, nicht getötet zu werden.

Der Gastgeber der Veranstaltungsreihe, Fraktionschef Christean Wagner, im Gespräch mit dem Intendanten des Hessischen Rundfunks, Helmut Reitze, und Walter Leisler Kiep.

Dagegen ist das Recht auf Leben in seinem positiven Aspekt, dem Anspruch auf Unterstützung und Förderung, auf vielfältige Weise bedingt und eingeschränkt. Worauf ein Mensch Anspruch hat, welche Hilfe ihm gewährt werden muss, welche Unterstützung er gerechterweise erhalten soll – all das hängt von vielen Umständen (vorhandenen Ressourcen, Dringlichkeit der Hilfe im Vergleich zu anderen usw.) ab. Das Leben eines Patienten verdient in besonderer Weise Schutz und Förderung. Aber das Lebensrecht des einen ist nicht in der Weise absolut, dass es auch den positiven Anspruch enthält, das eigene Leben um jeden Preis, d.h. auch durch die Vernichtung des Lebens anderer zu erhalten.

Das fundamentale Recht auf Leben besitzt unter allen moralischen Gütern insofern eine Sonderstellung, als es die notwendige Voraussetzung aller anderen Güter ist. Das physische Leben ist zwar nicht das höchste aller Güter (sonst wäre das Martyrium sittlich unerlaubt), wohl aber das schlechthin fundamentale Gut. Mit dieser Basisfunktion gegenüber allen anderen moralischen Gütern hängt die Eigenart dieses fundamentalen Gutes zusammen, dass es nicht partiell einschränkbar ist. Im Gegensatz zu den anderen hochrangigen Gütern, die in bioethischen Konflikten auf dem Spiel stehen können (Forschungsfreiheit, Fortpflanzungsfreiheit, Heilungschancen durch neue Therapien), lässt sich das Lebensrecht nicht graduell abstufen; es geht dabei um Sein oder Nicht-Sein, um alles oder nichts. Andere Güter können dagegen in Güterkollisionen teilweise zurücktreten, ohne dass sie in ihrer Substanz zerstört würden. Dies ist etwa der Fall, wenn das Grundrecht der Forschungsfreiheit gegen Gesichtspunkte des Tierschutzes abgewogen wird, wie dies in den meisten Rechtsordnungen der Fall ist. A fortiori rechtfertigt die Schutzpflicht gegenüber menschlichen Embryonen die Einschränkung oder Nicht-Realisierung technologischer Möglichkeiten, die künftigen Patienten möglicherweise nutzen könnten. Die Nicht-Realisierung dieser Möglichkeiten stellt zwar einen gravierenden Verzicht dar. Dieser Verzicht ist jedoch durch den Umstand gerechtfertigt, dass auch eine existenzielle Notsituation wie die Bedrohung durch eine unheilbare Krankheit niemandem ein Recht zur Vernichtung fremden unschuldigen Lebens einräumt. Das Recht auf Heilung, das auch die Erforschung und Nutzung neuer Therapieverfahren einschließt, stößt dort auf eine Grenze, wo seine Durchsetzung die Vernichtung fremden Lebens erfordern würde. Das moralische Recht zur Notwehr kann hier nicht geltend gemacht werden, da es die Bedrohungslage durch einen Aggressor voraussetzt. Der Embryo bedroht jedoch niemanden, er ist selbst vielmehr ein unschuldiges, hilfsbedürftiges Wesen, das durch menschliches Handeln in die prekäre Situation äußerster Verletzbarkeit gebracht wurde. Seine bloße Eignung zu Forschungszwecken gibt jedoch weder der Wissenschaft noch der Medizin ein moralisches Recht, über ein unschuldiges Leben zu verfügen.

Eine weitere Konfliktregel ist durch das Prinzip des Tutiorismus gegeben, dessen Bedeutung auf dem Feld der Bioethik häufig verkannt wird. Im Blick auf die umstrittene Schutzwürdigkeit des Lebens menschlicher Embryonen besagt diese Regel: Da das physische Leben die unhintergehbare Voraussetzung sittlicher Freiheit ist und sein Schutz somit die Grundlagen von Moral und Recht berührt, ist in Zweifelsfällen jeweils der sichere Weg zu wählen. Nicht jeder am Ende möglich bleibende Einwand muss definitiv ausgeschlossen werden, bevor die Schutzposition zugunsten der Anfangsstadien menschlichen Lebens als hinreichend begründet angesehen werden darf, um unser Handeln zu leiten. Vielmehr muss derjenige, der den Zugriff auf das Leben menschlicher Embryonen fordert, mit moralischer Sicherheit nachweisen, dass er es in diesem Fall nicht mit schützenswertem menschlichen Leben zu tun hat. Aus der möglichen Unschärfe bei der Identifikation der notwendigen Anfangsbedingun-

Fraktionsübergreifendes Interesse: (v.l.) Landtagsabgeordnete Kordula Schulz-Asche, Bündnis 90/Die Grünen, sowie die CDU-Landtagsabgeordneten Anne Oppermann, Christoph-René Holler und Holger Bellino.

gen des individuellen Menschenlebens (z.B. im Umkreis der Nidation) folgt nämlich keineswegs, dass es sich in der fraglichen Phase noch sicher nicht um menschliches Dasein handelt.

Da von protestantischen Ethikern neuerdings wieder der Vorwurf erhoben wird, eine tutioristische Betrachtungsweise ungewisser Handlungskonstellationen laufe auf einen unbarmherzigen Rigorismus hinaus, der flexible Unterscheidungen und humane Konfliktlösungen verhindert[5], sei an dieser Stelle eine kurze Beschreibung zur grundsätzlichern Bedeutung des Tutiorismus angesichts schwieriger Abwägungsfragen in der Ethik angefügt. Vorweg ist dabei an eine spezifische Besonderheit praktischer Urteile zu erinnern, die das tutioristische Prinzip keineswegs in Abrede stellt, sondern im Gegenteil voraussetzt: Absolute Sicherheit ist uns aufgrund der Endlichkeit unserer Erkenntnis und der Vielzahl wandelbarer Handlungsumstände, die unser Handeln beeinflussen, auch in unseren sittlichen Urteilen versagt; es macht den Ernstfall der Ethik aus, dass wir häufig aufgrund von vorläufigen Entscheidungen oder kontingenten Annahmen unter hohem Risiko handeln müssen. Solange wir die Konsequenzen dieser Entscheidungen kontrollieren und sie gegebenenfalls revidieren können, ist diese Unsicherheit zu ertragen. Risikoscheu und übersteigertes Gefahrenbewusstsein stellen im Allgemeinen keine erstrebenswerten Haltungen dar; oftmals sind Risikobereitschaft, Mut und Einsatzfreude die besseren Ratgeber. Die tutioristische Vorsichtsregel ist deshalb nur in denjenigen Fällen anzuwenden, in denen irreversible Entscheidungen besonders verletzliche moralische Güter wie Vertrauen, Treue, Wahrhaftigkeit oder eben – als das schlechthin fundamentale Gut – das Leben selbst betreffen.

Bei der Vernichtung menschlicher Embryonen handelt es sich um einen solchen definitiven Schritt, der im Fall des Irrtums nicht mehr rückgängig zu machen ist. Insofern mit diesem Eingriff in den embryonalen Entwicklungsprozess der Anfang einer personalen Freiheitsgeschichte betroffen sein kann, müssen an den Nachweis zu seiner Berechtigung daher besonders hohe Anforderungen gestellt werden. Eine Entscheidung unter Risiko ist in diesem Fall nur für das Leben legitim. Verbleibende, im Augenblick des Handelns möglicherweise nicht auflösbare Zweifel sprechen zugunsten des Embryos, zumal dieser ein schutzloses Wesen ist, das erst durch unser eigenes Handeln in diese Situation gebracht wurde.[6] Recht verstanden muss der Tutiorismus daher als notwendige Unterscheidungsregel innerhalb eines Ensembles flexibler Beurteilungsinstrumentarien angesehen werden, die Aufschluss darüber gibt, in welcher Richtung Konfliktsituationen in Abhängigkeit von den jeweils auf dem Spiel stehenden Gütern verantwortungsvoll bestanden werden können.

Die Forderung, dass wir dem menschlichen Embryo vom Zeitpunkt der Befruchtung an jene unbedingte moralische und rechtliche Achtung schulden, die jedem menschlichen Wesen in der leib-seelischen Ganzheit seiner Existenz zukommt, müsste nach dieser Unterscheidungsregel auch dann als zureichend begründete und gegenüber allen späteren Festlegungen vorzugswürdige Position gelten, wenn sich einige der ihr entgegengebrachten Zweifel nicht mit Sicherheit ausräumen ließen.

2. Konkrete Beurteilung einzelner biotechnologischer Möglichkeiten

Überträgt man diese Bewertungsregeln auf einzelne Anwendungsfelder der Biotechnologie, so ergibt sich ein differenziertes Bild: Für den Einsatz der Gentechnik im Bereich der Pflanzen- und Tierzucht gelten keine grundsätzlichen ethischen Einwände, sofern dabei die Sicherheitsbelange für Mensch und Umwelt durch eine Nutzen-Risiko-Abwägung gewahrt bleiben. Ebenso ist der Einsatz gentechnischer Verfahren zur Herstellung hochwertiger Medikamente auf gleichbleibendem Qualitätsniveau (z.B. Humaninsulin) oder zur Therapie defekter Körperzellen (somatische Gentherapie) ethisch unbedenklich. Schließlich sind die Verfahren der Gendiagnostik in sich als wertneutral zu beurteilen, sofern bei ihnen die bislang mit anderen Methoden erreichten diagnostischen Ziele nur früher, schneller und zielgerichteter verwirklicht werden. Der in der modernen Medizin auch sonst bekannte Umstand, dass die Entwicklung wirksamer Heilverfahren hinter dem Fortschritt der diagnostischen Möglichkeiten zurückbleibt, so dass wir immer mehr Krankheiten schon frühzeitig erkennen können, für die es noch keine zufriedenstellende Therapie gibt, führt allerdings in einzelnen Anwendungsbereichen in ein ethisches Dilemma. Im Bereich der vorgeburtlichen Gendiagnostik setzt die Diagnose eines genetischen Erkrankungsrisikos für das Kind die Eltern dem Erwartungsdruck einer verbreiteten Abtreibungsmentalität aus, der den medizinischen Sinn einer Diagnosestellung, nämlich die therapeutische Intervention zugunsten des individuellen Krankheitsträgers, ins Gegenteil verkehrt. Der ethisch legitime Wunsch nach einem gesunden Kind und das medizinische Ziel der Vermeidung von Erbkrankheiten führen dann dazu, dass der Entschluss zum Schwangerschaftsabbruch als eine aus medizinischen Gründen nahe liegende Folgerung verstanden und aus einem Katalog vermuteter Schädigungen des Embryos abgeleitet wird. Grundsätzlich darf die pränatale Diagnostik nur im Rahmen medizinischer Fragestellungen zur Anwendung kommen; die Ermittlung allgemeiner Merkmale wie der Geschlechtszugehörigkeit oder phänotypischer Eigenschaften wäre ethisch nicht vertretbar. Auch eine medizinisch indizierte Inanspruchnahme pränataler Diagnostik bedarf der Einwilligung der Eltern, die nur nach einer umfassenden Aufklärung über die Risiken einer Schädigung des Kindes und die im Fall eines positiven Befundes entstehenden moralischen Konflikte gegeben werden kann. Der Verzicht auf den Einsatz pränataler Diagnostik ist nicht nur ethisch vertretbar, er verdient wegen der darin bekundeten Bereitschaft, menschliches Leben vorbehaltlos und ohne diskriminierende Bewertung anzuerkennen, sogar besondere Hochachtung. Der Einsatz der gendiagnostischen Untersuchungsmethoden im Rahmen der prädiktiven Medizin beim erwachsenen Menschen steht unter dem ethischen Vorbehalt, dass dabei das prinzipielle Recht auf Nichtwissen zur Ermöglichung einer unbefangenen Lebensführung bis zum (durch eigene Verhaltensänderung nicht beeinflussbaren) Ausbruch der Krankheit (z.B. bei der Chorea Huntington) und das verfassungsmäßige Grundrecht auf informationelle Selbstbestimmung (z.B. beim Abschluss von Krankenversicherungen oder im Rahmen der Arbeitsmedizin) gewahrt bleiben.

Die verbrauchende Forschung an Embryonen, die nicht einem therapeutischen Ziel zu ihren eigenen Gunsten dient, stellt eine klar erkennbare Verletzung der Menschenwürde dar, die in den meisten westlichen Industriestaaten ohne ausreichende rechtliche Schutzregelungen toleriert wird. Ein menschliches Wesen zu dem ausschließlichen Zweck seiner anschließenden Vernichtung im Experiment herzustellen, läuft auf jene vollständige und ausschließliche Instrumentalisierung hinaus, die nach Kants Selbstzweckformel mit der Menschenwürde unvereinbar ist. Daher untersagt das europäische Menschenrechtsabkommen zur Biomedizin, das für die verwaisten Embryonen, die im Rahmen der künstlichen Befruchtung überzählig werden, nur einen „angemessenen Schutz" vorsieht, ohne diesen zu definieren, ausdrücklich die gezielte Herstellung menschlicher Embryonen zu Forschungszwecken. Die Forschung mit embryonalen Stammzellen, die aufgrund ihrer angenommenen Pluripotenz nicht mehr über das vollständige Entwicklungspotenzial eines neuen menschlichen Individuums verfügen, verfolgt hochrangige Erkenntnisziele, die im klinischen Anwendungsbereich für die Zukunft potenzielle Heilungschancen eröffnen können. Der ethische Haupteinwand, der auf die Instrumentalisierung des Ursprungsembryos hinweist, dessen Existenz bei der Erstgewinnung von Stammzelllinien vernichtet werden muss, bleibt von diesen anerkennenswerten Zielsetzungen jedoch unberührt. Hier kommt der Grundsatz vom Vorrang der Rechtspflichten vor der ethischen Pflicht zum Helfen und Heilen zum Zuge. Man darf nicht in die Rechte eines Menschen – und der Embryo untersteht, was die dem Menschsein als solchem geschuldeten Rechte anbelangt, dem gleichen Schutz wie alle Menschen – eingreifen, um einem anderen zu helfen. Das reproduktive Klonen, das die Reduplizierung eines vollständigen, aus privaten (Lebenspartner, einziges Wunschkind) oder sozialen (Künstlergenie) Gründen als vortrefflich geltenden Menschen zum Ziel hat, und der Gentransfer in menschliche Keimbahnzellen stoßen dagegen schon auf der Ebene der Zielsetzungen auf unüberwindliche ethische Bedenken. Diese Eingriffe wären beim gegenwärtigen Stand der Gentechnik schon aufgrund des unbeherrschbaren Sicherheitsrisikos strikt abzulehnen. Die Verwirklichung solcher von der Wissenschaft als utopisch bezeichneten Menschheitsträume wäre mit der jedem Menschen geschuldeten Anerkennung seines selbstzwecklichen Daseins unvereinbar. Die Verwirklichung eugenischer Zielsetzungen widerspricht aber auch dem Leitbild einer offenen Gesellschaft, denn sie müsste eine Definitionskompetenz in Bezug auf verpflichtende Maßstäbe gelungenen Lebens voraussetzen, die nach dem Selbstverständnis unserer demokratischen Kultur weder dem Staat noch der Wissenschaft, sondern nur dem Einzelnen zukommt.

Erstklassig, fundiert, anspruchsvoll – Christean Wagner dankt Eberhard Schockenhoff für sein Referat zum Thema „Der Mensch ist unantastbar".

[1] Diese Unterscheidung geht im angelsächsischen Sprachraum auf den so genannten Warnock-Report zurück, der die Empfehlungen einer im Auftrag der britischen Regierung tätigen Untersuchungskommission zu Fragen der Fortpflanzungsmedizin und Embryonenforschung erläuterte und seit seinem Erscheinen im Jahre 1984 die internationale Bioethik-Debatte wesentlich beeinflusste. Wegen der vorherrschenden pragmatischen Sichtweise und dem pluralistischen Nebeneinander unterschiedlicher Begründungsansätze stieß der Bericht von Anfang an auf Kritik, was seiner Breitenwirkung indessen kaum Abbruch tat.

[2] Vgl. L. Honnefelder, Die Begründung des moralischen Status des menschlichen Embryos aus der Kontinuität der Entwicklung des ungeborenen zum geborenen Menschen, in: G. Damschen/D. Schönecker (Hg.), Der moralische Status menschlicher Embryonen, Berlin/New York 2003, S. 61–81, bes. 74 f.

[3] Vgl. dazu M. Kriele, Einführung in die Staatslehre, S. 214.

[4] Vgl. Tine Stein, Recht und Politik im biotechnischen Zeitalter, DZPhil, Berlin 50 (2002), S. 855–870, bes. 861 ff.

[5] So H. Kreß, Ethischer Immobilismus oder rationale Abwägungen? Das Naturrecht angesichts der Probleme des Lebensbeginns, in: R. Anselm/ U.H.J. Körtner (Hg.), Streitfall Biomedizin. Urteilsfindung in christlicher Verantwortung, Göttingen 2003, S. 120.

[6] Vgl. G. Virt, Das Menschenleben an seinem Beginn, in: J. Gründel, Leben aus christlicher Verantwortung: Ein Grundkurs der Moral, Bd. 3, Düsseldorf 1992, S. 90–108, bes. 93 f.

„Verfassungspatriotismus statt Leitkultur? Alte Auseinandersetzungen und neue Einsichten"

Norbert Lammert
Kloster Eberbach, 13. November 2006

Den meisten von Ihnen muss ich nicht erklären, dass die Übernahme hoher Staatsämter unter anderem mit dem Preis verbunden ist, dass man sich ab sofort aus allen aktuellen politischen Streitfragen besser heraushält – was gelegentlich Kompensationsbedarf erzeugt. Ich bediene diesen Kompensationsbedarf besonders gerne mit der Beteiligung an Grundsatzdebatten, die in der deutschen Öffentlichkeit viele Jahre hinweg mindestens eher Not leidend geworden waren. Deswegen ist mir die Einladung der CDU-Landtagsfraktion in Hessen auch doppelt sympathisch, einen solchen Beitrag zu einer überfälligen Grundsatzdebatte zu leisten.

Meine Damen und Herren, dass die Debatte über kulturelle Grundlagen und Ansprüche unserer Gesellschaft leichter zu verweigern als zu führen ist, das ist nach den Erfahrungen der letzten Jahre schwerlich zu übersehen. Sie schien schon im Streit über die Terminologie zu scheitern. Tatsächlich gibt es Begriffe, die zur Verdeutlichung dessen, was gemeint ist, nicht oder nur begrenzt geeignet sind, ohne die aber nicht einmal die Debatte zu Stande käme, die dringend geführt werden muss.

Der Begriff „Leitkultur" gehört zu diesen Begriffen. Er ist ganz sicher erklärungsbedürftig, vielleicht auch missverständlich. Er wirkt auf manche Zeitgenossen offensichtlich geradezu provozierend und auch deshalb spricht manches für die Vermutung, dass gerade dieser Begriff und die Provokation, die er für viele enthält, die Debatte erst erzwungen hat, die ohne diesen Begriff vielleicht immer noch nicht stattfände. Es geht im Kern um die Frage, was unsere Gesellschaft im Inneren zusammenhält, und dabei nicht zuletzt auch darum, warum ein solcher Zusammenhalt eigentlich gewahrt, gepflegt, gefördert werden muss und wie so etwas eigentlich zu organisieren ist.

Die alte Einsicht, dass der demokratische, der moderne Verfassungsstaat auf normativen Voraussetzungen beruht, die er selber weder geschaffen hat, noch garantieren kann: Diese alles andere als neue Einsicht ist in jüngerer Zeit sowohl durch den intellektuellen Diskurs wie durch die praktischen Lebenserfahrungen in vielfacher Weise neu ins Bewusstsein gehoben worden. Dabei gefällt mir besonders gut, dass zwischen dem einen und dem anderen sogar ein Zusammenhang besteht, was man zwischen intellektuellen Debatten und Lebenswirklichkeiten nicht immer beobachten kann. Was die Lebenswirklichkeiten angeht, hat Dr. Wagner schon zu Recht darauf hingewiesen, dass wir nicht nur in Deutschland, aber auch in Deutschland einschlägige Erfahrungen mit den wachsenden Schwierigkeiten der Integration von Menschen machen, die mit anderen Herkünften, anderen Erfahrungen, anderen kulturellen Orientierungen ihren Weg und ihren Platz in dieser Gesellschaft suchen. Was den intellektuellen Diskurs angeht, gibt es eine Reihe von bemerkenswerten jüngeren Beiträgen zur inneren Verfassung demokratischer Gesellschaften, von denen für mich unverändert der bis heute mit Abstand anspruchsvollste und zugleich aufregendste einzelne Text die berühmte erste Begegnung zwischen dem damaligen Präfekten der römischen Glaubenskongregation Kardinal Ratzinger und Jürgen Habermas ist. Es geht um die berühmte Begegnung der beiden herausragenden Repräsentanten der zeitgenössischen Theologie und Philosophie in der katholischen Akademie in München vor etwas mehr als zwei Jahren. Wenn man das, was nicht zuletzt auch in diesem Diskurs an Einsichten formuliert worden ist, mit der öffentlichen Diskussion in Deutschland in eine Beziehung setzt, dann fällt als Erstes auf, dass im Lichte dieser Einsichten die öffentliche Debatte in Deutschland über die normativen Grundlagen unseres demokratischen Staates und seiner Verfassungsordnung recht mutlos geführt worden ist, und lustlos allemal. Die sorgfältige Vermeidung von Festlegungen hat über Jahre hinweg auf das Schönste korrespondiert mit dem ausdrücklichen und oft vordergründigen Bekenntnis zur Multikulturalität, Dialogbereitschaft und Toleranz, was das auch immer im Einzelnen bedeuten sollte. Und ich bin offensichtlich nicht der Einzige, der immer mal wieder den Eindruck hatte, dass die populäre Forderung nach mehr Dialog mit dem heftigen Missverständnis belastet war, die Bereitschaft zum Dialog ersetze den eigenen Standpunkt.

Historischer Tag für Deutschland – am 23. Mai 1949 erfolgt die feierliche Unterzeichnung des Grundgesetzes der Bundesrepublik Deutschland in Bonn.

Tatsächlich macht ein Dialog der Kulturen, der natürlich nötig ist, nur Sinn, wenn er auch auf einer Kultur des Dialogs beruht. Jeder ernsthafte Dialog hat zwei Mindestvoraussetzungen: erstens den eigenen Standpunkt, ohne den gibt es keinen Dialog. Und zweitens Toleranz gegenüber dem anderen Standpunkt, und zwar nicht nur im Sinne des Ertragens anderer Überzeugungen, sondern des Ernstnehmens anderer Erfahrungen, Überzeugungen und Positionen. Was die Multikulturalität betrifft, ist empirisch völlig unübersehbar, dass unsere Gesellschaft zunehmend multikulturell verfasst ist. Diesen Sachverhalt zu bestreiten, scheint mir müßig, viel spannender ist die Frage, welche Schlussfolgerungen man aus dieser Beobachtung zieht. Kurt Biedenkopf hat vor ein paar Jahren schon in einem Interview einmal dazu bemerkt:

„Wenn Deutschland multikulturell sein und dennoch seine Identität nicht verlieren soll, braucht es bei allen verschiedenen kulturellen Ausprägungen einen roten Faden, eben eine Leitkultur."

Man muss diesen Begriff nicht mögen, er ist sperrig und erklärungsbedürftig. Die Einigung auf diesen Begriff ist allerdings die am wenigsten wichtige Zielsetzung der Debatte, die wir endlich ernsthaft führen müssen. Aber über die Sachverhalte müssen wir reden, und wir brauchen jenseits der Popularität, der Sympathie oder Antipathie für diesen Begriff eine Verständigung darüber, dass jede Gesellschaft einen Mindestbestand an gemeinsamen Überzeugungen und Orientierungen braucht, ohne die auch ihre Regeln und ihre gesetzlichen Rahmenbedingungen auf Dauer keinen Bestand haben. Auch und gerade diese Gesellschaft, die diese Zusammenhänge vielleicht zu lange für zu selbstverständlich gehalten hat, kommt mühsam, aber immerhin zunehmend zu der Einsicht, dass es ohne diesen Mindestbestand an gemeinsamen und insoweit auch verbindlichen Orientierungen und Überzeugungen nicht geht.

Kein politisches System kann ohne kulturelles Fundament gemeinsam getragener Überzeugungen seine innere Legitimation aufrechterhalten. Allein aus diesem Grund ist die Debatte nötig und überfällig. Ich begrüße ausdrücklich, dass sich die Aussichten offenkundig verbessert haben, dass diese viel zu lange verweigerte Diskussion jetzt endlich ernsthaft geführt wird. Im Übrigen beteiligen sich an dieser Diskussion inzwischen auch Leute, die noch vor ein paar Jahren allein das Aufrufen einer solchen Debatte für „unnötig" oder gar „unsinnig" gehalten haben.

Ganz offenkundig sind in den vergangenen Jahren einige neue Einsichten entstanden. Heute wird beispielsweise nicht mehr wie noch vor ein paar Jahren der richtige Hinweis auf die Multikulturalität unserer Gesellschaft mit der falschen Schlussfolgerung verbunden, dass es völlig gleichgültig sei, ob diese oder jene kulturelle Orientierung in dieser Gesellschaft Geltung beanspruche. Zu lange haben wir verdrängt, dass es nicht nur eine Bereicherung, sondern natürlich auch eine Herausforderung für eine Gesellschaft ist, wenn unterschiedliche Traditionen und Erfahrungen einander begegnen. Es ist unredlich zu leugnen, dass es kulturelle Differenzen gibt, und es ist mindestens leichtfertig, diese Differenzen für belanglos zu halten.

Ich will die Bemerkung aufgreifen, die Herr Dr. Wagner zu Beginn schon angesprochen hat, und sie in den Zusammenhang rücken, um den es hier geht. Der Anspruch beispielsweise auf Gleichberechtigung von Mann und Frau ist kulturell begründet. Auch der Anspruch auf den Vorrang des Mannes ist kulturell begründet. Beide Ansprüche schließen sich gegenseitig aus, sie sind in ein und derselben Gesellschaft nicht zu haben. Es muss klar sein, was gilt. Die Vorstellung einer sauberen Trennung von Staat und Kirche, von Politik und Religion, kulturell begründet über Jahrhunderte hinweg, ist mühsam gewachsen. Sie ist mit der Vorstellung einer unmittelbaren Umsetzung religiöser Überzeugungen in staatlich geltendes Recht, die wiederum kulturell begründet ist, nicht vereinbar.

Der Grundsatz körperlicher Unversehrtheit und die Vorstellung der Verhängung von körperlichen Züchtigungsstrafen, die jeweils kulturell begründet sind, sind in ein und derselben Gesellschaft nicht gleichzeitig zu realisieren. Die Freiheit der Medien, die Freiheit von Wissenschaft und Kunst sind kulturell vermittelt, und sie sind auch deshalb bei weitem nicht so selbstverständlich, wie wir gerne voraussetzen. Der unselige Karikaturenstreit hat nicht nur in seiner noch unseligeren politischen Instrumentalisierung religiöser Überzeugungen die fundamental unterschiedlichen Vorstellungen von Rede- und

Pressefreiheit und gar von Toleranz allzu deutlich gezeigt. Wir haben zu viel Zeit mit der sicher gut gemeinten Illusion verloren, man könne solche fundamentalen kulturellen Differenzen auf sich beruhen lassen, statt sie zu klären.

Inzwischen wird immer deutlicher, dass keine Gesellschaft auf diese Klärung verzichten kann. Und es melden sich heute Leute mit der Aufforderung zur Klärung zu Wort, an die wir bis vor kurzem, jedenfalls in diesem Zusammenhang, ganz gewiss nicht gedacht hätten: „Was der Integrationspolitik guttut, kann der Leitkulturdebatte nicht schaden. Wir müssen mit den Migranten über Grundregeln des Zusammenlebens sprechen. Dabei sollte es keineswegs ergebnisoffen zugehen", so Renate Künast in der *Süddeutschen Zeitung* im Dezember vergangenen Jahres.

Weil es so ist, weil offenkundig immer mehr einsehen, dass es so ist, reicht tatsächlich der im Übrigen natürlich richtige Hinweis auf das in Deutschland für alle hier lebenden Menschen geltende Recht nicht aus. Und er reicht schon gar nicht weiter, was die notwendigen Klärungen betrifft, die wir in dieser Gesellschaft herbeiführen müssen. Ganze Stadtviertel in Deutschland sind inzwischen von kulturellen Parallelgesellschaften geprägt, in denen die gewollte Integration der hier lebenden Menschen in unserer Gesellschaft schon deshalb nicht mehr misslingen kann, weil sie gar nicht mehr versucht wird. Ich weiß, wovon ich rede. Ich komme aus dem Ruhrgebiet, das ist die Region in Deutschland, die erst durch Zuwanderung entstanden ist. Es gäbe das Ruhrgebiet nicht, wenn nicht Mitte des 19. und Mitte des 20. Jahrhunderts vier Millionen Menschen in diese von der Größe her sehr überschaubare Region eingewandert wären. Diese Region wäre jedenfalls nicht über so lange Zeit ein solches – insbesondere ökonomisches – Kraftzentrum des Landes gewesen, wenn die Integration der allermeisten dieser Zuwanderer nicht so reibungslos gelungen wäre, wie das tatsächlich der

Fall war. Und in der gleichen Region, die über stärkere Migrationserfahrungen verfügt als wahrscheinlich irgendeine zweite Region in Deutschland, machen wir nun die Erfahrung, dass unter anderen Bedingungen Migrationen oft grausam misslingen können. Und wenn man nach dem Grund des Gelingens und dem Grund des Scheiterns sucht, dann findet man wiederum, jedenfalls nach meiner, aber nicht nur nach meiner Einschätzung, keinen wichtigeren einzelnen Faktor als die kulturellen Orientierungen, die in dem einen und in dem anderen Fall den Integrationsprozessen zu Grunde liegt.

Im Übrigen sage ich nur der Vollständigkeit halber: Gelingen kann Integration ohnehin nur dann, wenn sie von beiden Seiten gewollt wird. Und die Wahrheit ist, sie wird zunehmend von beiden Seiten nicht gewollt. Und das ist durch Appelle nicht kompensierbar. Allenfalls durch das mühsame Abarbeiten der Zusammenhänge, mit denen sich diese Gesellschaft lange, weil es unbequem war, lieber nicht auseinandersetzen wollte. Die Lebensgewohnheiten, Sitten und Gebräuche der Herkunftswelt vieler türkischer Zuwanderer, ich rede jetzt aus der Erfahrung des Ruhrgebietes, schirmen sich – perfekt flankiert durch heimische Radio- und Fernsehsender über Satellitenprogramme – nahezu hermetisch von der neuen Heimat ab. Und auch die Austragung von Konflikten erfolgt häufig tradierten Verhaltensmustern und archaischen Normvorstellungen einer patriarchalisch dominierten Gemeinschaft.

Ganz offenkundig gibt es mitten in dieser liberal verfassten Gesellschaft kulturell tradierte Vorstellungen von Recht und Moral, die zu der subjektiven Legitimation führen, Konflikte in einer Weise durch Selbsthilfe lösen zu dürfen, die mit unserer Rechtsordnung völlig unvereinbar ist. Herr Dr. Wagner hat auf die erschreckend weit verbreitete Praxis von Zwangsverheiratung hingewiesen, bei der wir nicht einmal andeutungsweise wissen, wie viele Fälle das pro Jahr in Deutschland sind. Und insbesondere die noch entsetzlicheren, beschönigend sogenannten

„Ehrenmorde", von denen immerhin das Bundeskriminalamt zu wissen meint, dass es in den letzten acht Jahren mindestens 45 Fälle in Deutschland gewesen sind. Und ich spreche das eine wie das andere an, weil ich auf den Punkt aufmerksam machen möchte, auf den es hier ankommt: nämlich den Zusammenhang zwischen Kultur und Recht.

Das Problem des einen wie des anderen Falls ist doch nicht eine Unklarheit in der deutschen Rechtsordnung. Eine solche Vermutung wird auch nirgendwo ernsthaft vorgetragen. Sie wird auch vor deutschen Gerichten nicht vorgetragen, wenn beispielsweise diese „Ehrenmorde" Gegenstand strafrechtlicher Verfahren werden. Das eigentliche Problem – übrigens auch aus der Perspektive meistens noch nicht strafmündiger junger Männer – besteht darin, dass es hier einen Konflikt zwischen der glasklaren Rechtslage in Deutschland und den kulturell tradierten Vorstellungen von Recht und Moral gibt, die zu der

Für Norbert Lammert gibt es eine bemerkenswerte Übereinstimmung in der Gesellschaft, die Unverzichtbarkeit der Kenntnis und Anwendung der deutschen Sprache zu reklamieren.

subjektiven Legitimation, mindestens der ausgeprägten kulturell begründeten Erwartung führen, sich anders verhalten zu dürfen, als es die deutsche Rechtsordnung zwingend vorschreibt. Immer häufiger wird in staatsanwaltschaftlichen Plädoyers wie in Urteilbegründungen auf diesen Konflikt aufmerksam gemacht. Spätestens hier wird deutlich, dass der richtige Hinweis auf die Rechtsordnung die Befassung mit der dieser Rechtsordnung zu Grunde liegenden kulturellen Überzeugung nicht ersetzen kann und dass insofern jedenfalls wir diese Leichtfertigkeit hinter uns lassen müssen, aus dem richtigen Hinweis auf die für alle geltenden Gesetze die vermeintliche Unnötigkeit der Vermittlung kultureller Zusammenhänge herleiten zu wollen. Gerade in einer Gesellschaft, die zunehmend multikulturell geprägt ist, wird die Verständigung über gemeinsame und verbindliche Werte und Überzeugungen umso dringender. Die Vorstellung, dass alles gleichzeitig gelten könne, bedeutet im Ergebnis, dass nichts wirklich gilt. Dieses Konzept von Multikulturalität ist zweifellos gescheitert, wenn es denn je ein Konzept war.

Wenn ich vorhin von neuen Einsichten in einer alten Debatte gesprochen habe, dann will ich ausdrücklich hinzufügen, dass inzwischen manches in Bewegung gekommen ist. Dazu haben nicht zuletzt in Deutschland lebende Bürgerinnen und Bürger mit persönlichen Migrationserfahrungen wesentlich beigetragen, und auch die von Bundesinnenminister Wolfgang Schäuble vor ein paar Wochen auf den Weg gebrachte Islamkonferenz befördert nach den ersten Eindrücken sehr den Klärungsprozess, der auch unter diesen durch die islamische Kultur geprägten Migranten dringend geführt werden muss und der natürlich mit größerer Aussicht auf Erfolg geführt wird, wenn er nicht die Konfrontation von zwei kulturell unterschiedlich konditionierten Bevölkerungsteilen gegeneinander ist, sondern wenn er zu einem Klärungsprozess auch innerhalb der jeweiligen Gruppierungen werden kann.

Es gibt inzwischen auch eine bemerkenswerte Übereinstimmung, die Unverzichtbarkeit der Kenntnis und Anwendung der deutschen Sprache zu reklamieren. Das war auch vor ein paar Jahren, vielleicht vor ein paar Monaten noch deutlich anders. Und es ist insofern ein mehr als nebensächlicher Beleg für die gewachsenen Einsichten bei fast allen, die sich an dieser Debatte beteiligen oder sie in der Vergangenheit auch verweigert haben. Man konnte dies übrigens in seinem ganzen Glanz und Elend bei den öffentlichen Auseinandersetzungen beobachten, nachdem bekannt geworden war, dass eine Berliner Realschule verbindlich festgelegt hatte, Deutsch nicht nur im Unterricht, sondern auch auf dem Schulhof zu sprechen.

Da gab es dieses reflexartige Aufbäumen gegenüber einer vermeintlichen kulturellen Zumutung, verbunden mit dem Vorwurf an eine scheinbar wild gewordene Berliner Schulbehörde, den ohnehin im Schulalltag bei multikulturell besetzten Klassen hoffnungslos überforderten Schülern nun auch außerhalb des Unterrichts die Verwendung einer Fremdsprache zumuten zu wollen. Herr Wagner hat vorhin den Begriff „Zwangsgermanisierung" als Etikettierung dieser Maßnahmen zitiert, der im Übrigen interessanterweise parallel in deutschen und türkischen Medien auftauchte, bis sich herausstellte, dass alle, bloß nicht die Berliner Schulbehörde, auf diesen Einfall gekommen waren. Vielmehr war es der einmütige Beschluss einer Schulkonferenz, angeführt von einem pakistanischen Elternsprecher und einem türkischen Schülervertreter, bei dem in völliger Übereinstimmung Eltern, Lehrer und Schüler die Verständigung auf Deutsch als Mindestvoraussetzung für friedliches Zusammenleben und als eine der unverzichtbaren Voraussetzungen für eine Zukunftsperspektive in dieser Gesellschaft begriffen hatten. Dass diese Schule dafür inzwischen den deutschen Nationalpreis erhalten hat, ist ebenso ermutigend wie deprimierend.

Dialog und Meinungsaustausch – Norbert Lammert diskutiert im Anschluss an die Veranstaltung mit Schülern und Lehrern der Internatsschule Schloss Hansenberg.

Ich glaube, wir müssen in Deutschland darauf achten, dass wir nicht einer der beiden großen Übertreibungen zum Opfer fallen, die gegenwärtig weltweit zu beobachten sind. Das ist zum einen die Anmaßung, religiöse Überzeugung mit fundamentalistischem Eifer gleichzeitig als staatliche Vorgabe allgemeinverbindlich durchsetzen zu wollen. Zum anderen ist es die Leichfertigkeit, religiöse Überzeugungen für irrelevant, bedeutungslos oder belanglos zu halten.

Der zweite Irrtum ist nicht weniger gefährlich als der erste. Manche Intellektuelle in Deutschland haben zu lange in richtiger Distanzierung gegenüber der ersten die zweite Übertreibung gefordert oder befördert. Vielleicht hängt das auch mit der doppelten Verunsicherung des modernen Menschen zusammen, die sich zugleich in der Sehnsucht nach gültigen Werten und dem Unwillen zur Bindung ausdrückt. Wie schön wäre es, wenn es irgendetwas gäbe, das ganz gewiss ein für alle Mal gilt. Und um wie viel schöner noch wäre es, wenn ich das für mich nicht als ein für alle Mal verbindlich anerkennen müsste. Allerdings ist die Fähigkeit zur Bindung nicht nur Ausdruck, sie ist auch Voraussetzung der Freiheit. So wie die Bereitschaft zum Konsens Voraussetzung der Konfliktfähigkeit einer Gesellschaft ist. Ohne ein Mindestmaß an Gemeinsamkeit erträgt eine Gesellschaft keine Vielfalt. Und die Gemeinsamkeit der Sprache ist eine solche notwendige, allerdings – wie übrigens auch das französische Beispiel zeigt – offenkundig keine hinreichende Voraussetzung für gelebte Multikulturalität, die Verständigung ermöglicht und damit ein friedliches Zusammenleben fördert.

Eine Gesellschaft, die sich entschlossen hat, Freiheit zuzulassen, hat sich damit für Vielfalt entschieden, und die Entscheidung zur Vielfalt ist die Entscheidung zur Unvermeidlichkeit von Konflikten. Eine freie Gesellschaft kann keine konfliktfreie Gesellschaft sein. Sie kann sich ihre Konflikte aber nur leisten, wenn es einen Konsens über die für alle geltenden Regeln und Prinzipien gibt, nach denen solche Konflikte auszutragen sind. Nur autoritäre Gesellschaften brauchen keinen Konsens, sie ersetzen durch Kommandos, was an Konsens weder vorhanden noch erwünscht ist. Liberale Gesellschaften stehen und fallen mit dem Konsens, auf dem das Freiheitsversprechen beruht. Und wenn sie den Konsens nicht wahren, nicht vermitteln, nicht fördern, dann untergraben sie die Fundamente, auf denen das eigene Freiheitsversprechen beruht. Deshalb ist es eine alberne Alternative zu behaupten, es gehe um Vielfalt oder Identität – das eine setzt das andere voraus.

Im Grundgesetz sind für jedermann – keineswegs nur für deutsche Staatsbürger – geltende Rechte und einige wenige Pflichten formuliert. Ich muss die einschlägigen Grundrechte nicht auflisten, sie sind uns hinreichend geläufig. Auf diese Verfassung können und dürfen wir stolz sein. Manchmal hat man den Eindruck, sie genießt im Ausland noch höhere Reputation als zu Hause. Dennoch reicht der gut gemeinte Appell zum Verfassungspatriotismus nicht aus, schon gar nicht als Ersatz für grundlegende Wertentscheidungen und kulturelle Orientierung. Ich will als einen insofern völlig unverdächtigen Experten Jürgen Habermas zitieren, der mehr als irgendein anderer deutscher Intellektueller den Begriff „Verfassungspatriotismus" in die deutsche Debatte eingeführt hat, damals als einen, wie ich finde, sehr ernst zu nehmenden, jedenfalls gut gemeinten Versuch, die Schwierigkeiten vieler Deutscher nach dem 2. Weltkrieg in der Identifikation mit dem Land und seiner Geschichte durch ein Alternativangebot aufzufangen, nämlich der Identifikation mit der Verfassung dieses Landes. Jürgen Habermas schreibt in einer neueren Veröffentlichung: „Entgegen einem weit verbreiteten Missverständnis heißt Verfassungspatriotismus, dass sich Bürger die Prinzipien der Verfassung nicht allein in ihrem abstrakten Gehalt, sondern konkret aus dem geschichtlichen Kontext dieser jeweiligen nationalen Geschichte zu eigen machen. Wenn die moralischen Gehalte von Grundrechten in Gesinnungen Fuß fassen sollen, genügt der kognitive Vorgang nicht."

Stellen Sie sich einmal vor, Friedrich Merz hätte das gesagt. Er hätte es ohnehin nicht mit so hohem ästhetischen Reiz formuliert. Es wäre eine Welle der Empörung nicht nur durch die deutschen Feuilletons gelaufen. Verfassungen fallen nicht vom Himmel und sie werden dort auch nicht konserviert, wenn die Zeiten auf Erden turbulenter werden. Voraussetzung jeder Verfassung ist Kultur. Was eigentlich sonst? Verfassungen setzen in rechtliche Ansprüche und Verpflichtungen um, welche Erfahrungen eine Gesellschaft mit sich selbst gemacht hat, welche Überzeugungen in ihr Geltung beanspruchen, welche Traditionen sich in ihr entwickelt haben. Sie haben damit übrigens auch eine hinreichende Erklärung dafür, warum noch so engagierte Bemühungen, scheinbar perfekte Verfassungstexte in modernisierungsbedürftige Länder zu implantieren, am Ende regelmäßig fehlgeschlagen.

Die Verweigerung oder Vertagung einer als lästig empfundenen Grundsatzdebatte über unverzichtbare normative Voraussetzungen unserer Verfassungsordnung läuft auf die bestenfalls naive Vorstellung hinaus, nun müsse man sich um die Wurzeln nicht mehr kümmern, nachdem die Bäume offenkundig so prächtig gediehen sind.

Moderne Gesellschaften befinden sich in rasanten Veränderungsprozessen, sie haben ja auch deshalb manche vertrauten Gewissheiten verloren, aber gerade deshalb wächst das Bedürfnis der Menschen nach Orientierung und Identifikation. Die anspruchsvolle und möglicherweise auch anstrengende Debatte über Leitkultur in unserer Gesellschaft ist nicht mehr und nicht weniger als die notwendige Selbstverständigung über ihre Grundlagen und gemeinsamen Orientierungen. Dabei geht es um Geschichte, um historische Erfahrung also, um Sprache und Tradition, religiöse und weltanschauliche Überzeugungen. Es geht nicht um einen Dominanzanspruch einzelner Kulturen. Die Vorstellung, eine Kultur könne gegenüber einer anderen den Anspruch erheben, sie sei ihr prinzipiell überlegen, scheint mir intellektuell und historisch in gleicher Weise abwegig. Der Respekt vor dem Reichtum, den fremde Kulturen darstellen, und nicht zuletzt der Blick in die Verirrungen auch der eigenen Geschichte und der ihr zugrunde liegenden kulturellen Orientierungen, verbieten hinreichend einen solchen Kurzschluss. Aber für die innere Konsistenz einer konkreten Gesellschaft ist die Durchsetzung des Anspruchs völlig unverzichtbar. Die Durchsetzung des Anspruchs dessen, was in ihr für alle gelten muss. Insoweit ist jede Kultur, die sich selbst ernst nimmt, eine Leitkultur. Leitkultur bedeutet ja nicht, wie das Richard Schröder einmal formuliert hat – er war nie Pressesprecher der CDU, sondern Vorsitzender der SPD-Fraktion in der ersten und letzten frei gewählten Volkskammer der DDR, einer der angesehenen evangelischen Theologen in Deutschland –, „Leitkultur bedeutet ja nicht, anderen Ländern deutsche Kultur aufdrängen zu wollen, sondern unseren Erfahrungen, Überzeugungen und Prinzipien im eigenen Land Geltung zu sichern". Das ist nicht nur erlaubt, dies ist unverzichtbar, wenn eine Gesellschaft ihre innere Konsistenz bewahren soll.

Und diese Vereinbarung über verbindliche Grundwerte ist auch die notwendige Substanz für den Erwerb der Staatsangehörigkeit. Staatsangehörigkeit ist keine Vorleistung für Integration. Staatsangehörigkeit ist umgekehrt die Folge einer stattgefundenen, einer vollzogenen Integration in eine Gesellschaft mit einem gegebenen System kulturell begründeter Überzeugungen und Prinzipien. Zu einer so verstandenen Leitkultur gehört ein aufgeklärtes Verhältnis zum eigenen Land. Damit tun sich die Deutschen aus bekannten Gründen etwas schwerer als alle ihre Nachbarn. Für Franzosen wie Briten, für Polen wie Ungarn, für Spanier wie Italiener gibt es überhaupt keinen Zugang zu Europa ohne die Vermittlung des Nationalstaates. Sie sind stolz auf ihre Nation, die sie in die europäische Gemeinschaft einbringen, aber keineswegs in ihr aufgehen lassen wollen. Nicht mehr und nicht weniger erwarten sie auch von ihren deutschen Nachbarn – und die Deutschen erwarten es zunehmend offenkundig auch von sich selbst.

Die Fußballweltmeisterschaft, die ja noch nicht so ganz lange zurückliegt, war dafür ein, wie ich finde, in jeder Beziehung eindrucksvolles Beispiel. Die Art und Weise, mit der nicht nur, aber insbesondere Vertreter der jüngeren Generation ihr vitales Bedürfnis nach Identifikation mit dem eigenen Land ohne auch nur den Hauch eines Verdachtes der Fremdenfeindlichkeit oder der Abgrenzung in einem fröhlichen und weltoffenen Patriotismus praktiziert haben, hat die Welt Deutschland gewissermaßen neu entdecken lassen – und manche Deutschen sich selbst auch.

Auch Patriotismus setzt Kultur voraus. Das eine ist ohne das andere nicht zu haben. Gemeinsame Sprache, verbindliche Werte, verlässliche Orientierung, das Bewusstsein ihrer geschichtlichen Wurzeln und kulturellen Grundlagen verbunden mit einem weltoffenen Patriotismus – das ist das anspruchsvolle Konzept für den Zusammenhalt einer freiheitlichen Gesellschaft und preiswerter ist sie nicht zu haben.

Zufrieden, denn die Veranstaltungsreihe „Was uns leitet – Eckpfeiler einer bürgerlichen Kultur" wird ihrem Anspruch gerecht, Akzente in der Wertediskussion zu setzen.

„Wie christlich ist das Abendland?"

Hans Joachim Meyer
Hessischer Landtag, 24. Januar 2007

Wie christlich ist das Abendland? So lautet das Thema, zu dem zu sprechen ich eingeladen wurde. Selbst hätte ich wohl eher gefragt: Wie christlich ist Europa? Denn das Wort vom Abendland löst widerstreitende Erinnerungen aus. Aber es ist nach meiner Erfahrung nützlich, sich auf ein vorgegebenes Thema einzulassen. Denn es kann dazu zwingen, Fragen zu beantworten, die man sonst vielleicht übersehen hätte. Ein Vortrag, der ja geradezu der Prototyp des Monologs ist, erhält so die Chance zur dialogischen Argumentation. Welche Beziehung besteht zwischen dem Wort vom Abendland und der Bezeichnung unseres Kontinents als Europa? Und warum sagen wir

„Abendland“ statt „Europa“? Weil hinter der Frage „Wie christlich ist das Abendland?“ die alte Idee vom christlichen Abendland aufscheint?

Vor dem Wort vom „Abendland“ gab es in der deutschen Sprache das Wort vom „Morgenland“. Denn dies hat Martin Luther in seiner 1521 begonnenen Bibelübersetzung für eine vielen vertraute Stelle aus dem Matthäusevangelium Kap. 2, Vers 1 verwendet, die ich hier in der Fassung der Einheitsübersetzung vorlesen möchte:

„Als Jesus zur Zeit des Königs Herodes in Bethlehem in Judäa geboren worden war, kamen Sterndeuter aus dem Osten nach Jerusalem und fragten: Wo ist der neugeborene König der Juden?“

Wo unsere heutige Übersetzung „aus dem Osten“ sagt, schuf Luther den bildkräftigen Ausdruck „aus dem Morgenland“. Schon 1529 lässt der Straßburger Humanist Caspar Hedio in seiner Chronik den weströmischen Kaiser Honorius in den „Occident“, das ist, in die „Abendlender“ kommen. Beides – das Morgenland wie das Abendland – waren also zunächst rein geographische Angaben; und statt „Abendland“ hieß es sogar bis ins 18. Jahrhundert hinein meist „Abendländer“.

Das wandelte sich gründlich am Beginn des 19. Jahrhunderts. Denn die Jahre 1803 bis 1806 sahen den Untergang des Heiligen Römischen Reiches Deutscher Nation. Und dieser Untergang war ganz wesentlich das Werk des revolutionären Frankreichs und seines Erben Napoleon. Dagegen stellten deutsche Intellektuelle wie Friedrich von Hardenberg (Novalis), Friedrich Schlegel, Adam Müller und Joseph Görres das Ideal des christlichen Abendlandes. Diese Idee verwarf die Aufklärung als ungeschichtlich und wandte sich gegen die Französische Revolution, welche in der Zeit der Jakobinerherrschaft das Christentum durch den „Kult der Vernunft“ ersetzt hatte.

Die Idee vom christlichen Abendland wandte sich nicht minder gegen den Gedanken eines bürgerlichen Verfassungsstaates und verteidigte die traditionellen Herrschaftsformen der Monarchie und des Ständestaates, weil diese geschichtlich legitimiert seien. An die Stelle von Aufklärung und Revolution sollte wieder eine geschichtlich gewachsene organische Symbiose von Christentum und Kultur treten, wie sie in der Hochzeit des Mittelalters bestanden habe. Naturgemäß richtete sich dabei ein verklärender Blick auf die katholische Kirche, die dieses Mittelalter geistig geformt hatte.

Ich hoffe, mein kurzer Blick in die Geschichte macht schon deutlich, warum ich die Frage „Wie christlich ist das Abendland?" nicht einfach in „Wie christlich ist das heutige Europa?" umformuliert habe. So etwas zu tun, hatte man mir ja freigestellt. Ich habe mich auf die mir gestellte Frage eingelassen, weil sie das Spannungsvolle und Widersprüchliche des Themas unterstreicht. Und diese Spannung hängt letztlich nicht davon ab, ob man Abendland oder Europa sagt, sondern sie ist ein wesentliches Element der Wirklichkeit, mit der wir uns auseinandersetzen müssen.

Der Gedanke des christlichen Abendlandes war von Anfang an widersprüchlich. Positiv gesehen betonte er den Wert und die fortdauernde Bedeutung der Geschichte als einer Realität, die eben nicht auf eine durch den Fortschritt zu überwindende Vergangenheit reduziert werden darf. Positiv war nicht minder, dass dieser Gedanke die übernationale Bedeutung des Christentums in der europäischen Geschichte und für das europäische Selbstverständnis betonte. Negativ war fraglos seine antidemokratische und nicht nur antirevolutionäre, sondern auch antireformerische Grundtendenz, die jedes Bemühen um Fortschritt und Veränderung ablehnte und bekämpfte. In der Einleitung zu seiner *Preußischen Geschichte* hat der große protestantische Gelehrte Leopold von Ranke für die Zeit nach der

Grußwort und Einführung in die Veranstaltung mit Hans Joachim Meyer „Wie christlich ist das Abendland?" durch Fraktionschef Christean Wagner.

Französischen Revolution unterschieden zwischen der negativen Tendenz zur „Auflösung" und „Veränderung", die zu „demokratischen Ideen und Einrichtungen" hinneigt, und der positiven Tendenz, die sich dem entgegenstellt, indem sie an den bewährten Prinzipien von Staat, Religion und Recht festhält und diese „lebendig erneuert", was immer dies bei einer nur bewahrenden Haltung meinen mag. So hat die Idee vom christlichen Abendland zweifellos das Denken bereichert und nicht zuletzt geistige und geistliche Schätze der christlichen Religion wieder aufgedeckt, im politischen Raum jedoch kaum eine gestaltende, sondern vor allem eine restaurative oder doch zumindest retardierende Kraft entfaltet. Auf die politische und soziale Programmatik des deutschen Laienkatholizismus, wie er sich seit dem Revolutionsjahr 1848 entwickelte, hat dieser Gedanke keinen wesentlichen Einfluss ausgeübt. Denn die katholische Minderheit im um seine Einheit ringenden Deutschland setzte auf den freiheitlichen Verfassungsstaat und wollte soziale Reformen. Im Verlauf des 19. Jahrhunderts verliert der Abendlandgedanke denn auch an Einfluss. So taucht er z.B. in der 6. Auflage von *Meyers Konversationslexikon* von 1904 ff. mit immerhin 22 Bänden gar nicht auf. Sondern bei „abendländisch" wird auf die „römisch-katholische Kirche" und auf das „weströmische Kaisertum" verwiesen, der Begriff also in einem geographisch-historischen Sinne verwendet.

Dass wir als Zeitgenossen des 20. und 21. Jahrhunderts diesen Begriff noch oder wieder kennen, geht ganz wesentlich auf geistige Entwicklungen nach den beiden Weltkriegen zurück. Auch diese Entwicklungen waren widersprüchlich und konfliktträchtig. So hoffte nach dem 1. Weltkrieg der Philosoph Theodor Haecker die Idee vom Abendland fruchtbar zu machen für eine Erneuerung Europas aus dem Erbe der Antike und des Christentums. Haecker stand später dem antinazistischen Widerstandskreis der Weißen Rose nahe. Dagegen war Oswald Spengler, der vor allem durch sein 1918 bis 1922 erschienenes Buch *Der Untergang des Abendlandes* bekannt geworden ist, antidemokratisch eingestellt und liebäugelte mit dem Faschismus Mussolinis.

Wichtiger für unsere Thematik ist, dass der Beginn der europäischen Einigung nach dem 2. Weltkrieg in die Tradition der Idee vom christlichen Abendland gestellt worden ist – und dies sowohl im Sinne positiver Zustimmung als auch als Ausdruck von Kritik. Der Traditionsbezug lag nahe: Erstens war der Gedanke eines vereinigten Europas – wie die Abendlandsidee zu Beginn des 19. Jahrhunderts – antinationalistisch. Zweitens orientierte er sich am gemeinsamen christlichen Erbe Europas, das gleichermaßen dem überwundenen Schrecken des Nationalsozialismus als auch der neuen Gefahr des sowjetischen Kommunismus entgegengesetzt werden konnte. Dabei sollten wir bedenken, dass in der Zeit unmittelbar nach dem Krieg der prinzipielle Gegensatz zwischen Nationalsozialismus und Christentum noch frisch im Gedächtnis und daher für die meisten Menschen unbestreitbar war. Und drittens entsprach der Anfang der europäischen Integration in Westeuropa territorial ungefähr dem Reich Karls des Großen, das man ja gern als Vorläufer des späteren Heiligen Römischen Reiches ansieht.

Schließlich waren die Gründungsväter der beginnenden europäischen Einheit, nämlich Robert Schuman, Konrad Adenauer und Alcide de Gasperi, Katholiken und christliche Demokraten. Allerdings entzündete sich daran auch die kritische Abwehr der Idee des christlichen Abendlandes. Denn aus der Zeit zwischen den beiden Weltkriegen gab es ja auch die konkurrierende Idee von einem geeinten Europa unter sozialistischem Vorzeichen. Dabei handelte es sich wohlgemerkt um einen Sozialismus im Sinne der westlichen Sozialdemokratie, weshalb auch dieses Europakonzept damals von den Kommunisten wütend attackiert wurde. Gleichwohl war für die westliche Europadebatte dies ein wichtiger Gegensatz zwischen der christlichen Demokratie und der Sozialdemokratie. Und es bot sich für die Linke geradezu an, auf die antidemokratischen Traditionen der Idee vom christlichen Abendland hinzuweisen, um zur Europapolitik der christlichen Demokraten auf kritische Distanz zu gehen.

Auch diese Auseinandersetzungen sind heute für die meisten vergessen. Denn die europäische Einigung hat sich als eine große Erfolgsgeschichte erwiesen. Und der herausragende Beitrag führender westeuropäischer Repräsentanten der christlichen Demokratie zu diesem Erfolg kann ernsthaft nicht bestritten werden. Dennoch spielt die Idee vom christlichen Abendland kaum noch eine Rolle im öffentlichen Denken und ihre Wirkungskraft für die europäische

Entwicklung ist heute eher gering. Schon 1958 stellte die Zeitschrift *Neues Abendland* ihr Erscheinen ein.

Hat es Sinn, den Gedanken vom christlichen Abendland in der Debatte über das Europa der Zukunft heute wiederzubeleben? Sollte man mit der Vorstellung vom christlichen Abendland im Hinterkopf nach dem Christlichen im Abendland fragen und damit zugleich den Gedanken nahe legen, das Abendland müsse doch christlich sein? Und also müsse auch Europa christlich sein? Oder verstellt eine solche Frage nicht eher die Wirklichkeit und das, was heute von Christen getan werden muss, um diese Wirklichkeit zu gestalten?

Gewiss sollten wir die Idee des christlichen Abendlandes nicht vergessen und sie auch nicht einseitig diskreditieren lassen. Denn sie ist Teil unserer Geistesgeschichte, und sie hat in dieser Geschichte Bedeutsames bewirkt gegen die kulturellen Zerstörungen einer ungeschichtlichen Aufklärung, gegen einen bornierten Laizismus, der die Religion zur Privatsache machen will, und nicht zuletzt gegen nationalistische Anmaßung. Diese Idee kann dabei helfen, unser geschichtliches Gedächtnis zu bewahren, und sie wehrt nationaler Verengung. Mit Recht hat man diesen Begriff als Damm gegen die deutsche Neigung zu einem nationalen Sonderweg bezeichnet.

Dennoch sollten Christen diese Idee nicht in den Mittelpunkt der öffentlichen Auseinandersetzung über Europa und über das Christliche in Europa stellen. Erstens repräsentiert sie im Blick auf die europäische Freiheitsgeschichte nicht nur positive, sondern auch negative Traditionen. Der große katholische Theologe Karl Rahner, der zusammen mit seinem Bruder Hugo Rahner eine Theologie des Abendlandes entworfen hat, charakterisierte diesen Begriff als „im ganzen zweideutig".

Zweitens nutzt dieser Gedanke für die Gestaltung des heutigen Europas nichts, ja, er ist eher schädlich. Denn er bezieht sich in seinem Kern auf den Westen und die Mitte Europas, also auf jenen Teil Europas, der im Mittelalter vom lateinischen Christentum geprägt worden ist. Anders gesagt: Er schließt diejenigen europäischen Völker, deren religiöse und kulturelle Identität von Konstantinopel, also von der Orthodoxie und ihren griechischen und slawischen Traditionen bestimmt ist, aus dem geistigen Europa aus.

Drittens: Die Rede vom christlichen Abendland ist eigentlich nur ein Thema der deutschen Geistesgeschichte. Das zeigt sich nicht zuletzt darin, dass dieser Begriff nicht ins Englische oder ins Französische übersetzt werden kann. Als Entsprechung gebraucht man in diesen Sprachen die Wörter „der Westen" oder „der Okzident". Und deren Bedeutung ist sehr viel weiter als das, was im Deutschen traditionell unter dem christlichen Abendland verstanden wird. Allerdings umfasst in Samuel Huntingtons Buch *Kampf der Kulturen* der westliche Kulturkreis neben Nordamerika nur jenen Teil Europas, der vom römisch-katholischen und vom protestantischen Christentum geprägt worden ist, nicht aber den orthodoxen Teil Europas. Für die gegenwärtigen Auseinandersetzungen über das geistige Gesicht Europas ist der Abendlandbegriff in jedem Fall nicht hilfreich, weil nicht zutreffend.

Bisher ging es um die Frage, mit welchen Begriffen über die geistige Wirklichkeit des heutigen Europas gedacht und gestritten werden soll. Manche meinen nun, mit einer Kritik an der Begrenztheit des Gedankens vom christlichen Abendland, seiner Neigung zum nostalgischen Blick zurück und seiner Illusion von einer wiederherstellbaren heilen Welt hätten sie zugleich auch das Christentum in Europa als Thema von der Tagesordnung genommen. Davon kann jedoch in Wahrheit keine Rede sein. Was sich in solchen Auffassungen offenbart, ist eine Verengung des Blicks, welche die Wirklichkeit verfälscht. Es ist der Versuch, mit der laizistischen Parole von der Religion als Privatsache die Realität zu verdrängen und durch eine ideologische Konstruktion zu ersetzen. Diese Absicht ist freiheitsfeindlich. Denn es gibt keine Freiheit ohne Religionsfreiheit. Und wahre Religionsfreiheit gilt gleichermaßen für den persönlichen wie für den öffentlichen Bereich, für den Einzelnen wie für seine religiöse Gemeinschaft. Freilich gibt es auch keine wirkliche Religionsfreiheit ohne die Freiheit des Gewissens und der Überzeugung. Die Tatsache, dass dies von maßgeblichen Repräsentanten der katholischen Kirche, aber auch anderer christlicher Kirchen lange geleugnet und in seinen Konsequenzen bekämpft wurde, hat das Christentum in Europa nicht gestärkt, sondern geschwächt. Nur eine Christenheit, die frei-

Klare Worte vom Präsidenten des Zentralkomitees der Deutschen Katholiken, Hans Joachim Meyer: „Es gibt keine Freiheit ohne Religionsfreiheit. Und wahre Religionsfreiheit gilt gleichermaßen für den persönlichen wie für den öffentlichen Bereich, für den Einzelnen wie für seine religiöse Gemeinschaft“.

heitsfähig und freiheitswillig ist, kann auf Dauer das Denken und Leben in einer freiheitlichen Gesellschaft mitbestimmen. Das zeigt uns überzeugend die Gesellschaft der USA.

Der mit Nachdruck betriebene Versuch, das freiheitliche Europa ausschließlich als laizistisches Europa zu definieren, entstellt die europäische Realität. Weder die Geschichte noch die Gegenwart Europas sind zu beschreiben oder gar zu verstehen ohne die geistigen Kräfte des Christentums. Erst durch die christliche Religion ist aus einer vagen geographischen Möglichkeit eine erkennbare und unterscheidbare geschichtliche und kulturelle Größe geworden. Und zu den Gemeinsamkeiten, die es möglich machen, dass aus Europa in unserer Zeit auch eine Größe wird, die gemeinsam entscheidet und handlungsfähig ist, zählt weiterhin das Christentum. Der christliche Glaube an Gott lenkt den Blick auf den Menschen. Und der christliche Glaube hat einen gewichtigen Anteil daran, dass in Europa Gerechtigkeit und Solidarität handlungsleitende Ideale der freiheitlichen Gesellschaft sind und mitmenschliche Verantwortung nicht auf den privaten Bereich beschränkt bleibt. Insofern hat die Forderung, bei den geschichtlichen Wurzeln Europas das Christentum konkret zu nennen, seine Berechtigung in der Wirklichkeit. Und der Versuch im derzeitigen europäischen Verfassungsentwurf, mit der blassen Formel vom „kulturellen, religiösen und humanistischen Erbe“, von dem die Europäische Union inspiriert sei, diese Realität eher zu verstecken, als sich zu ihr zu bekennen, ist in Wahrheit ein ideologisch motivierter Autismus. Freilich ist auch das Bekenntnis zur geschichtlichen und fortwirkenden Bedeutung des Christentums für Europa nur dann realitätsgemäß, wenn die Christen keinen Monopolanspruch erheben, sondern sich in den streitbaren, aber sich im Streit auch wechselseitig befruchtenden Zusammenhang mit anderen geistigen Kräften und Bewegungen mitten hineinstellen.

Was die geistige Geschichte Europas im Vergleich mit anderen Teilen der Menschheit charakterisiert, ist ihr diskursiver Grundzug. Das kommt prägnant in den drei wesentlichen geistigen Quellen Europas zum Ausdruck, die mit Recht immer wieder genannt werden: das Erbe der griechischen und römischen Antike, die jüdische und christliche Glaubenstradition und die Ideale der Freiheit und Aufklärung. Diese geistigen Kräfte stehen keineswegs nur nebeneinander oder gar gegeneinander, so dass sich Europa allein als Pluralität definieren ließe, sondern sie durchdringen sich zu einer vitalen geistigen Identität. Gleichwohl bilden sie keineswegs ein harmonisches Ganzes, sondern sie stehen auch heute in einer fortwährenden geistigen Auseinandersetzung, in einem permanenten Diskurs. Überdies gibt es eine intensive Wechselwirkung dieser drei geistigen Quellen mit weiteren wichtigen Strömen, welche die kulturelle Landschaft Europas erblühen ließen, so insbesondere mit den jeweils eigenen kulturellen Traditionen der romanischen, germanischen und slawischen Völker, aber auch mit anderen Religionen wie insbesondere mit dem Islam.

Das Christliche in Europa tritt in seiner geistigen Wirkung erst richtig zu Tage, wenn man es im spannungsvollen Zusammenhang der unterschiedlichen Quellen Europas sieht. Auch wird nur so deutlich, worin sich heute die Gestaltungskraft des Christentums erweist und erweisen muss. Denn die ethischen Voraussetzungen und Grundlagen einer freiheitlichen Gesellschaft sind kein autoritäres Normengefüge, keine statische Festsetzung, die auf Dauer juristisch garantiert werden kann. Sondern sie sind letztlich immer nur das dynamische Produkt des fortdauernden Wertekonflikts und des ständigen Wertewandels. Insofern sind der Gottesbezug einer Verfassung oder deren Hinweis auf das Christentum als eine seiner ethischen Voraussetzungen keine Garantie für die künftige Bedeutung des Christlichen und schon gar nicht die Basis für einen christlichen

Interessierte Zuhörer: (v.l.) CDU-Fraktionsvorsitzender Christean Wagner, Bundesverfassungsrichter a.D. Hans-Joachim Jentsch mit Frau, Frank-Peter Kaufmann, Parlamentarischer Geschäftsführer der Landtagsfraktion Bündnis 90/Die Grünen, die CDU-Landtagsabgeordnete Anne Oppermann und Wilfried Schmied, Regierungspräsident von Gießen.

Staat. Vielmehr benennen sie realistisch die Grenzen, die einer freiheitlichen Verfassung als Entscheidungs- und Herrschaftsordnung gesetzt sind. Denn diese lebt, wie Ernst-Wolfgang Böckenförde gesagt hat, von ethischen Voraussetzungen, die sie weder schaffen noch garantieren kann. Es ist also der prinzipielle Wertediskurs und die wertegeleitete Praxis, die das jeweilige Selbstverständnis der Gesellschaft formen. Und dieses beeinflusst wiederum die historisch-konkrete Gestalt der Christenheit auf ihrem Weg durch die Zeit.

Das Zentralkomitee der deutschen Katholiken hat in seiner Erklärung „Für eine wertgebundene europäische Verfassungsordnung“ vom November 2002 seine Position wie folgt formuliert:

„Wir treten dafür ein, dass die Präambel der Verfassung ausdrücklich einen Hinweis auf die Verantwortung vor Gott, vor den Menschen und vor dem eigenen Gewissen vorsieht. Das bedeutet nicht, dass die Bürgerinnen und Bürger auf einen Glauben an Gott oder gar auf ein spezifisches religiöses Bekenntnis verpflichtet werden sollen. Dies wäre angesichts der kulturellen und religiösen Traditionen in Europa absurd."

Und als praktische Anregung fügten wir hinzu:

„Die Formulierung des Transzendenzbezuges in der Europäischen Verfassung könnte sich an den Text der Präambel der polnischen Verfassung von 1997 anlehnen. Dort sind ‚alle Staatsbürger der Republik' angesprochen, ‚sowohl diejenigen, die an Gott als Quelle der Wahrheit, der Gerechtigkeit, des Guten und des Schönen glauben, als auch diejenigen, die diesen Glauben nicht teilen, sondern diese universellen Werte aus anderen Quellen ableiten.' Sie haben sich gemeinsam ‚im Bewusstsein der Verantwortung vor Gott und vor dem eigenen Gewissen' die Verfassung der Republik Polen gegeben."

Wertekonflikt und Werteverständnis sind Teil der Beziehung zwischen Glauben und Geschichte. Das erweist sich, wenn wir das Verhältnis zwischen den drei wesentlichen Quellen der europäischen Identität näher betrachten. Mit Recht sind viele dazu übergegangen, nicht nur vom Christlichen in Europa zu sprechen, sondern von der jüdischen und christlichen Glaubenstradition. Denn dadurch bekennen sich Christen nicht nur zur engen geistigen Beziehung mit den Juden als ihren älteren Geschwistern, würdigen den jüdischen Beitrag zum europäischen Denken und wehren jedem Antisemitismus und Antijudaismus. Sondern dieser Begriff erinnert auch an den außereuropäischen Ursprung des Christentums und mithin an sein universales Selbstverständnis. Daher wäre es abwegig, dem Bekenntnis zum

Christlichen in Europa einen eurozentristischen Anspruch zu unterstellen. Vielmehr ist die europäische Christenheit nur eine, gewiss immer noch wichtige, aber keineswegs die einzig mögliche kulturelle Lebensform des christlichen Glaubens.

Unsere kulturelle Lebensform entstand ganz wesentlich durch eine jahrhundertelange, partiell durchaus kontroverse Auseinandersetzung des Christentums mit dem philosophischen, juristischen und künstlerischen Erbe der Antike. Dabei darf nicht vergessen werden, dass es Gelehrte im islamischen Spanien waren, welche dem christlichen Europa wichtige, aber hier in den Stürmen der Völkerwanderung untergegangene geistige Werte der Antike erst wieder vermittelten. Allerdings vermochten diese Gelehrten den Islam nicht dauerhaft geistig zu prägen. Dagegen sollten die Werke, welche christliche Theologen wie Albertus Magnus und Thomas von Aquin in der Auseinandersetzung mit der antiken Gedankenwelt schufen, die christliche Geistesgeschichte bestimmen. Gewiss ist für die heutigen Europäer, für Katholiken nicht weniger als für Protestanten, im Rückblick die Reformation der wichtigste geistige Schritt hin zu einer neuen Zeit individueller Verantwortung und persönlicher Entscheidung. Aber das sollte nicht zudecken, dass auch die Jahrhunderte davor von theologischen und philosophischen Disputen erfüllt waren und die Universitäten darum wetteiferten, nicht nur Schulen höherer Bildung, sondern auch Orte geistiger Auseinandersetzung zu sein. Die geistige Dynamik Europas begann in der abendländischen Theologie, und zwar durch deren Bemühen, die Botschaft des christlichen Glaubens in eine denkerische Beziehung zur antiken, also zu einer als heidnisch wahrgenommenen Geistigkeit zu bringen. Dass sich dies als argumentativer Disput vollzog, gab dem theologischen Denken jenen drängenden und streitbaren Impuls im Streben nach Erkenntnis der Wahrheit, der die Grenzen einer nur traditionsverhafteten Kontinuität überwindet und geistige Dynamik freisetzt.

Die Entwicklung der Europäischen Union nach Osten, die nach 1990 möglich wurde, hat der Beziehung zwischen dem christlichen und dem antiken Denken ein neues Element hinzugefügt. Denn im östlichen Europa stellt die Orthodoxie eine in vieler Hinsicht eigene geistig-kulturelle Tradition der Christenheit dar. Papst Johannes Paul II. hat dies wiederholt mit dem Bild der beiden Lungenflügel Europas beschrieben. Historisch gesehen ist das Abendland nur einer der beiden Lungenflügel. So schreibt das katholische *Lexikon für Theologie und Kirche* über den Abendlandbegriff:

„Er bringt die Kontinuität der europäischen Gegenwart zur christlichen Kultur des Mittelalters zum Ausdruck, die das antike Erbe durch Vermittlung der Kirche aufnahm und zur Gestalt der lateinischen Christenheit fortbildete, in der sich die europäischen Völker entwickelten. Ein solcher historisch fundierter Begriff grenzt das Abendland vom griechisch-byzantinisch geprägten Osten Europas ab, bleibt aber offen zur griechisch-römischen Antike, die zur Geistesgeschichte des Abendlandes gerechnet wird."

Für die Orthodoxie ist bis heute die griechische und byzantinische Theologie der ersten Jahrhunderte der Kirchengeschichte die schlechthin klassische Basis und Norm ihres geistigen Selbstverständnisses. Daher bestimmt Kontinuität und nicht die kritisch-kreative Aneignung einer vorchristlichen Gedankenwelt, wie sie die griechisch-römische Antike darstellt, die geistige Entwicklung der Orthodoxie. Dazu tritt die Nähe und Übereinstimmung von kirchlicher und weltlicher Ordnung im jeweiligen politischen Herrschaftsbereich, die für das Verhältnis von Kirche und Staat über alle geschichtlichen Brüche und politischen Übergriffe hinweg für das orthodoxe Denken bis heute maßgeblich blieb. Der abendländische Konflikt zwischen kirchlichem und staatlichem Herrschaftsanspruch, der – wenn auch keineswegs geradlinig – zur Unabhängigkeit von

Staat und Religion als wesentlichem Merkmal des freiheitlichen Westens führte, ist daher kein Teil des orthodoxen Gedächtnisses. Es gibt also die lateinische, d.h. die römisch-katholische und die protestantische Tradition im westlichen Europa einerseits und die orthodoxe Tradition im östlichen Europa andererseits. Wie diese im Umgang mit einer nichtchristlichem Umwelt zueinander finden können, ist eine brennende Frage von europäischer und ökumenischer Relevanz. Bisher sind wir zu einer die Vergangenheit versöhnenden und für die Zukunft tragfähigen Antwort noch unterwegs.

Das gilt nicht minder für die Beziehung zwischen dem Christentum und den Idealen der Freiheit und der Aufklärung. Dieser geschichtliche Zusammenstoß war für die westliche Christenheit zunächst bitter, bedrohlich und bedrückend, insbesondere für die katholische Kirche. Nach den blutigen und demütigenden Erfahrungen mit der Französischen Revolution ging sie einen langen und widersprüchlichen Lernweg, bei dem sie so manche Chance vertat und nicht wenige Suchende und Weiterblickende in der eigenen Kirche verletzte und zurückstieß, bis sie endlich im II. Vatikanischen Konzil – und nun mit großer geistiger Souveränität – zu Einsichten fand, die schon lange aus dem Kern der eigenen Glaubenswahrheit offenkundig waren. Denn das ist ja die verwirrende Dialektik der Geschichte: dass die Würde des Menschen, seine Freiheit und seine unveräußerlichen Rechte Grundsätze sind, die sich denklogisch aus der Frohen Botschaft Jesu Christi ergeben, sie gleichwohl von einer kirchenkritischen und nicht selten sogar glaubensfeindlichen Aufklärung gegen eine Kirche erstritten werden mussten, welche darin nur noch Bedrohungen ihrer Verantwortung für das Seelenheil erkennen konnte. Und bei einigen in der Kirche war es auch nur Angst um ihre Macht. Trotzdem hatte die Kirche Recht, wenn sie den Ansprüchen und Behauptungen einer flach denkenden und anmaßenden Aufklärung entgegentrat und auf die Wirklichkeit jenseits aller rationalistischen Konstruktionen hinwies.

In diesen Auseinandersetzungen haben beide Seiten Federn lassen müssen. Und das war in der Summe – jedenfalls im Rückblick gesehen – für beide Seiten auch eine lehrreiche Erfahrung. So haben wir für das Geistesleben im Westen Europas heute die Situation, dass Glaubende und Nichtglaubende voneinander gelernt haben und sich Menschen beider Geistestraditionen für die Fehler der Vergangenheit ein wenig schämen. Das gibt dem Konflikt, der ja keineswegs zu Ende ist und auch wohl nie aufhören wird, eine besondere geistige Qualität und eine potenziell konstruktive Perspektive. Darin besteht ja schon heute die herausragende Leistung im Pontifikat Benedikts XVI. wie bereits im theologischen Werk Josef Ratzingers, dass er die Beziehung zwischen Glaube und Vernunft zu einem Thema des öffentlichen Nachdenkens gemacht hat. Das konnte ihm nur gelingen, weil er die Dialektik der westeuropäischen Säkularisierung von ihrer positiven Wechselseitigkeit her formulierte. So sagte

Die Anziehungskraft der Religion, von Gottesdienst, Gebet, Besinnung und Meditation ist ungebrochen – dies belegt auch der große Zuspruch zu den Kirchentagen.

er bei der inzwischen berühmt gewordenen Begegnung mit Jürgen Habermas:

„Wir hatten gesehen, dass es Pathologien in der Religion gibt, die höchst gefährlich sind und die es nötig machen, das göttliche Licht der Vernunft sozusagen als ein Kontrollorgan anzusehen, von dem her sich Religion immer wieder neu reinigen und ordnen lassen muss, was übrigens auch die Vorstellung der Kirchenväter war. Aber in unseren Überlegungen hat sich auch gezeigt, dass es (was der Menschheit heute im Allgemeinen nicht ebenso bewusst ist) auch Pathologien der Vernunft gibt, eine Hybris der Vernunft, die nicht minder gefährlich, sondern von ihrer potenziellen Effizienz her noch bedrohlicher ist: Atombombe, Mensch als Produkt. Deswegen muss umgekehrt auch die Vernunft an ihre Grenzen gemahnt werden und Hörbereitschaft gegenüber den großen religiösen Überlieferungen der Menschheit lernen. Wenn sie sich völlig emanzipiert und diese Lernbereitschaft, diese Korrelationalität ablegt, wird sie zerstörerisch."

In seinem Verhältnis zur Vernunft hat es der christliche Glaube insbesondere mit der Philosophie und mit den Naturwissenschaften zu tun, mithin mit Themen und Fragen, die in aller Regel internationaler Natur sind. Dagegen ist das konkrete Verhältnis zur geistigen und politischen Freiheit und ihren Konsequenzen – trotz aller westeuropäischen und westlichen Gemeinsamkeit – im hohen Maße von nationalen Erfahrungen bestimmt. So erklärt sich, dass in Bezug auf das Verhältnis zwischen Kirche und Staat die Positionen der christlichen Kirchen in Frankreich und der christlichen Kirchen in Deutschland diametral verschieden sind. In Frankreich ist die strikte Trennung von Staat und Kirche, wie sie im republikanischen Prinzip der laïcité zum Ausdruck kommt, heute nicht nur von den Protestanten, sondern auch von den meisten Katholiken bis in den Episkopat hinein anerkannt, ja, sie wird von ihnen sogar verteidigt. Denn die lange katholische Gegnerschaft gegen die Republik war erfolglos und ist schließlich durch das Regime von Vichy endgültig diskreditiert worden. Überdies haben sich seit dem Trennungsgesetz von 1906 zwischen Staat und Kirche pragmatische Formen des Miteinanders eingespielt.

In Deutschland dagegen gilt das schon in der Paulskirchenverfassung von 1849 angelegte, in der Weimarer Reichsverfassung ausformulierte und in der Bundesrepublik entfaltete Prinzip der Unabhängigkeit und Partnerschaft von Staat und Kirche, das zwar ebenfalls beide Größen trennt und den Staat zur weltanschaulichen Neutralität verpflichtet, aber die Kooperation beider nicht nur zulässt, sondern auch bejaht und fördert. Dass dieser Unterschied für die Situation des Christlichen in Europa nicht gleichgültig ist, hat bereits die Debatte um die europäische Verfassung erwiesen und wird wohl auch in der Beziehung Europas zum Islam relevant werden. Unterschiedliche geschichtliche Erfahrungen sind auch bedeutsam für die Frage, welche Haltung gesellschaftlich engagierte Katholiken und Protestanten künftig zu Europa als einer politischen Größe einnehmen werden. Auch wenn sich die Christen im westlichen Teil Europas zu freiheitlichen Verfassungsordnungen bekennen, so gibt es doch ein weites Spektrum von Erinnerungen und Einstellungen – sei es als Glied einer Mehrheits- oder einer Minderheitskirche, sei es durch eine eigene soziale und politische Programmatik oder durch die Zugehörigkeit zu unterschiedlichen Richtungen, sei es ganz generell durch die Art und durch die Geschichte ihres öffentlichen Auftretens und ihrer gesellschaftlichen Organisation.

Wer redlich über die Situation des Christlichen im zusammenrückenden Europa sprechen will, kann nicht daran vorbeigehen, dass wichtige Lernerfahrungen im Umgang mit der Freiheit den christli-

Bereits heute eine herausragende Leistung im Pontifikat Benedikts XVI. – er hat die Beziehung zwischen Glaube und Vernunft zu einem Thema des öffentlichen Nachdenkens gemacht.

chen Kirchen in Ost- und Mittelosteuropa weithin noch bevorstehen. Das gilt nicht nur für die Orthodoxie, sondern auch für die katholische Kirche in diesen Ländern. Selbstverständlich muss hier an erster Stelle das mutige Glaubenszeugnis genannt werden, dass Bischöfe, Priester und Laien in der Zeit der Unfreiheit ablegten, als es – weltlich gesprochen – keine Chance auf Erfolg und Überleben gab. Das Wort vom Martyrium erfüllte sich im östlichen Europa für viele Christen in seinem tiefsten existenziellen Sinn. Aber der Respekt vor diesem über die Zeit hinauswirkenden Bekenntnis zum Glauben sollte uns die Tatsache nicht übersehen lassen, dass jede verfolgte, ja, sogar jede in ihrem öffentlichen Wirken und in ihrer geistigen Entfaltung eingeschränkte und behinderte Kirche ganz unvermeidlich auch eine geschädigte und verkrüppelte Kirche ist. Wer am geistigen Austausch mit Glaubensgenossen und Gleichgesinnten nicht mehr teilnehmen kann, wem der argumentative Streit mit Kritikern und Gegnern verboten ist, wer aus dem geistigen und öffentlichen Leben der Gesellschaft systematisch ausgeschlossen wird, der kann sich nur noch an dem festhalten, was ihm geblieben ist, und er erfährt die Gegenwart und die sich in ihr ereignende Geschichte nicht mehr als Chance, sondern nur noch als Bedrohung. Der Glauben bedarf aber, um vital und gewinnend zu sein, des Dialogs mit der Geschichte. Wie aber kommt man zu einem produktiven Verhältnis zur Geschichte, wenn man aus dieser lange ausgeschlossen war und überdies die neue Freiheit für das sorgenvoll Bewahrte bedrohlich zu werden scheint?

Für die russische Orthodoxie wurde 1917 ein hoffnungsvoller geistiger Aufbruch durch die Oktoberrevolution abgewürgt. Heute gehören zu den Folgen jahrzehntelanger Unterdrückung ein weit verbreitetes unerleuchtetes Glaubensverständnis, eine – nicht selten – fanatische Ablehnung von Ökumene und ein bornierter Nationalismus und Antijudaismus. Die Kirchen sind, wie auch zur Sowjetzeit, voll, aber trotz Rückgabe und Wiederaufbau sind es in den Städten viel zu wenige, um eine bedeutungsvolle Zahl von Menschen wirkungsvoll zu erreichen. In den katholischen Ortskirchen Mittelosteuropas gibt es eindrucksvolle und Achtung gebietende Persönlichkeiten wie z.B. den liebenswerten Prager Kardinal Vlk, der vor 1990 zeitweise als Fensterputzer arbeiten musste. Aber man trifft auch auf Amtsträger und Laien, die wie Menschen denken und agieren, welche 1939 oder 1946 aus dem Zug der Geschichte aussteigen mussten und nun meinen, sie könnten mit dem geistigen Gepäck von damals wieder einsteigen und wie gehabt einfach weiterfahren. Eine so charismatische und faszinierende Persönlichkeit wie der Prager Universitätsseelsorger und Philosophieprofessor Tomas Halik wird von einigen seiner geistlichen Mitbrüder eher mit Misstrauen betrachtet. Besonders kontrastreich ist die Situation in der katholischen Kirche Polens, die aufgrund ihrer Geschichte und ihrer überragenden Bedeutung für die Gegenwart dieses Landes ganz generell einen besonderen Charakter hat. Da gibt es die beeindruckenden und thematisch weit gespannten Gnesener Kongresse unter der Schirmherrschaft von Erzbischof Muszynski und die von Bischof Pieronek angeregten Krakauer Kolloquien zu europäischen Themen. Es gibt herausragende katholische Laien und von Laien geprägte Einrichtungen wie die Klubs der Katholischen Intelligenz, den Znak-Verlag oder die St. Adalbert-Stiftung. Daneben gibt es jedoch das ultrakonservative und zum Antisemitismus tendierende Radio Maryja, das sich einer beträchtlichen Unterstützung sicher sein kann, vor allem in der ländlichen Bevölkerung des östlichen Polens, aber auch in Teilen des Klerus.

Große Unterschiede kann man auch feststellen, wenn man die gesellschaftliche Stärke der katholischen Ortskirchen in Mittelosteuropa vergleicht. Da haben neben der polnischen auch die slowakische und die litauische Kirche einen erheblichen Rückhalt in der Bevölkerung. Und auf der anderen Seite gibt es die katholische Kirche in Tschechien, die durch die kommunistische Herrschaft viel stärker geschwächt und zerstört worden ist. Auch die katholische Kirche in Ungarn trägt an den Folgen des Kommunismus und tut sich zugleich schwer mit der westlichen Freiheit. Bei den evangelischen Christen sehen wir Unterschiede zwischen den protestantischen Kirchen in Mittelosteuropa mit ihren langen und stabilisierenden Minderheits- und Diasporaerfahrungen und den historischen Mehrheitskirchen in Mitteldeutschland und Nordostdeutschland, die in der Zeit der DDR schwere Einbußen erfahren haben. Und doch hatten sie vor und während der revolutionären Wende die Kraft und den Mut, einer Gegenöffentlichkeit Raum und ein schützendes Dach zu bieten.

Trotz solcher Unterschiede ist es das Verdienst aller christlichen Kirchen, während der kommunistischen Herrschaft im östlichen

Europa durch Gottesdienst und Verkündigung eine geistige Alternative zur ideologischen Macht geboten zu haben. So lange es Alternativen gibt, können sich Menschen entscheiden und erfahren so den Kern der Freiheit. Darum bin ich zuversichtlich, dass die europäische Einigung, auch nach der Erweiterung im Osten, weiterhin von jenem Dreiklang bestimmt sein wird, der sich aus dem antiken Erbe, der jüdischen und christlichen Glaubenstradition und den Idealen der Freiheit und der Aufklärung ergibt. Ohne Mitwirkung der christlichen Kirchen kann in Mittelosteuropa die europäische Integration ohnehin nicht gelingen. Die polnische Option für Europa wäre ohne den persönlichen Einsatz Johannes Pauls II. schwerlich zustande gekommen. Gewiss ist es möglich und sogar wahrscheinlich, dass neben dem jüdischen und dem christlichen Glauben andere Religionen und Überzeugungen an Bedeutung gewinnen werden. Die muslimischen Gemeinschaften in Europa werden dessen geistiges Gesicht mitbestimmen, wenn sie sich zur freiheitlich-diskursiven Identität Europas bekennen und sich der aufklärenden Kritik des wissenschaftlichen Denkens stellen. Dass Formen eines atheistischen oder agnostischen Humanismus im östlichen Teil Deutschlands und in der Tschechischen Republik dominieren, stärkt überdies das nichtreligiöse Moment in der europäischen Identität.

Kann die Türkei an dieser europäischen Identität teilhaben? Bisher hält die Türkische Republik ausdrücklich an zwei Maximen fest. Einerseits ist ihr Staatsgrundsatz ein rigider und letztlich durch das Militär garantierter Laizismus, der nicht nur Staat und Religion trennt, sondern die Religion auch aus dem öffentlichen Raum ausschließen will. Andererseits verbindet sie dies mit einem staatlich kontrollierten und privilegierten sunnitischen Mehrheitsislam. Diese in sich widersprüchliche Kombination bedingt die massive Verletzung der Religionsfreiheit für die christlichen Kirchen und für muslimische Minderheiten. Und überdies reagiert ein militanter Nationalismus empfindlich auf jede Kritik. Eine solche Konstruktion scheint mir mit dem europäischen Selbstverständnis nicht vereinbar.

Selbstverständlich ist Europa kein „Christenklub". Aber die Christen können nicht akzeptieren, dass ihr Glaube in die Privatsphäre abgedrängt wird oder allenfalls als folkloristische Verzierung dient. Vielmehr entspricht es dem dynamischen Charakter der europäischen Identität, dass die Beziehung des Glaubens zur Vernunft und zur Freiheit weiterhin auf der europäischen Agenda steht. Es ist keineswegs ein abgeschlossenes Kapitel, sondern wird nun ein gesamteuropäisches Thema. Denn es geht ja nicht nur darum, dass der östliche Teil Europas westeuropäische Erfahrungen und Einsichten nachholt. Vielmehr können Christen aus dem östlichen Teil Europas in diesen Dialog die Vitalität ihrer Glaubenstradition und ihrer Kirchenbindung einbringen, die sich mit der Erfahrung selbst errungener Freiheit verbunden hat. So können wir hoffen, dass sie in den ungewohnten Herausforderungen der Freiheit vor allem die Chancen der Freiheit erkennen und sich diese Erkenntnis gegen rückwärtsgerichtete Neigungen durchsetzen wird.

Andererseits verfügen die Christen im westlichen Teil Europas zwar über größere Erfahrungen mit der Freiheit, aber vielen gingen Glaubenswahrheit, Kirchenbindung und der Wille zum Glaubenszeugnis verloren. Statt die Freiheit als Glaubenschance zu ergreifen, meinen zu viele, die Spannung zur Welt durch alles hinnehmende Toleranz und kirchliche Selbstsäkularisation aufheben zu sollen. Eine Minderheit wiederum wittert Gefahr in jeder Erneuerung, jeder Dialog ist ihr Glaubensabfall und ihr Blick geht sehnsüchtig zurück in eine angeblich heile Vergangenheit, in welcher die Kirche Sicherheit gab als Fels vorgeblicher Unveränderlichkeit. Der vorherrschende Individualismus sieht entweder in Staat und Kirche die Adressaten von Forderungen und löst den Zusammenhang von Erwartung und eigenem Handeln auf. Oder er will in der Kirche keine geschwisterliche Gemeinschaft sehen, sondern nur den Ort autoritätsbezogener Ereignisse als Quelle persönlicher Sicherheit und Erhebung. Dem sozialen und politischen Handeln von Christen als gemeinschaftliche Aktion wird in beiden Fällen der Boden entzogen. Es ist unübersehbar: Die Bedeutung des christlichen Glaubens und der christlichen Kirchen hat in den letzten Jahrzehnten in Westeuropa beträchtlich abgenommen.

Inzwischen folgt auf die übergroßen westeuropäischen Erwartungen an eine harmonische Welt alles versprechender Freiheit und verpflichtungsloser Selbstverwirklichung die unvermeidliche Enttäuschung. Und seit einiger Zeit mehren sich die Hinweise auf ein neu erwachendes Interesse an Religion. Ohne Anspruch auf Repräsentativität nenne ich einen Anstieg der Kircheneintritte und einen Rück-

Jederzeit offene Ohren für die Fragen der Gäste – Hans Joachim Meyer im Gespräch mit Teilnehmern.

gang der Kirchenaustritte, wobei Letztere immer noch überwiegen, eine Zunahme von Gottesdienstbesuchern an hohen Feiertagen, die steigende Teilnahme junger Menschen an religiösen Ereignissen (übrigens nicht nur an Papstbegegnungen, sondern auch an Kirchen- und Katholikentagen), ihr größeres Interesse an Bindung und Familie (auch wenn die Scheu vor der Übernahme längerfristiger und belastbarer Verantwortung immer noch generationstypisch zu sein scheint), die hohe Achtung religiöser Persönlichkeiten und das weltweite Interesse an Höhepunkten kirchlichen Lebens über die Grenzen kirchlicher Zugehörigkeit hinaus sowie ganz allgemein die demoskopisch ermittelte gewachsene Bedeutung religiöser Themen und Ereignisse. Gewiss sind viele dieser Daten eher vage und schwer zu deuten. Und die Stabilität solcher Trends ist keineswegs sicher. Überdies scheinen die christlichen Kirchen von solchen Trends allenfalls partiell zu profitieren, weil sich nicht wenige Suchende lieber den verschiedenen Formen einer eher unverbindlichen und vor allem strukturlosen Religiosität zuwenden.

Gleichwohl sind dies Zeichen der Zeit, die heute die Aufmerksamkeit von Christen erregen müssen. Mittlerweile ist jedenfalls die Tatsache unübersehbar, dass Religion auch in Westeuropa wieder zum Thema wird. Der behauptete Zusammenhang von Modernität und Religionsschwund und die These von der unaufhaltsamen Säkularisierung verlieren an Akzeptanz. Auch in Westeuropa nehmen solche Auffassungen offenbar an Attraktivität und offensiver Kraft ab. Für den größeren Teil der Welt blieb Religion ohnehin immer eine Selbstverständlichkeit. Auch in dem heute für viele maßstabsetzenden Land der westlichen Welt, nämlich in den USA, hat zwar in den letzten Jahren die politische Bedeutung von Religion erheblich zugenommen, aber im Leben vieler Amerikaner hat Religion schon immer eine zentrale Rolle gespielt. Darauf haben im Verlauf der Zeit aufmerksame Beobachter wiederholt hingewiesen. Dennoch ist es für viele Europäer lange kein Gegensatz gewesen, einerseits die USA als das klassische Beispiel der Moderne zu bewundern, andererseits Religion, genauer gesagt, ihr eigenes christliches Erbe für unmodern und überlebt zu halten. Was bedeutet es freilich, dass Religion wieder ein Thema geworden ist? Zunächst einmal nicht viel mehr, als dass Religion im intellektuellen Diskurs wieder zu den Plausibilitäten gehört. Drastischer gesagt: Man erntet kein mitleidiges Lächeln mehr, ja, es ist sogar wieder schick, über Religion zu sprechen. Berechtigt dies schon, von einer Renaissance der Religion zu reden? Und was bedeutete dies für das christliche Zeugnis? Mir scheint, dass Christen hier mehrere Aspekte unterscheiden sollten:

Einerseits gibt es eine neue Offenheit für das menschliche Streben nach etwas Größerem, was über uns selbst hinausweist und Werte begründet, die nicht zu unserer Verfügung stehen, sondern an denen wir uns messen lassen. Es gibt also eine neue Offenheit für Transzendenz und für geistige Verbindlichkeit und Unverfügbarkeit. Menschen ziehen die Konsequenz aus dem Scheitern innerweltlicher Utopien durchaus unterschiedlicher Begründungen, also aus Enttäuschungen im Osten wie im Westen, und sie beginnen zu begreifen, dass Relativismus eine schale Ausrede ist und Ironie nur zeitweilig über innere Leere hinweghilft. Eine Feststellung wie die, die Zeit der Utopien oder der großen Erzählungen sei vorbei, kann nämlich auch den Kältetod einleiten. Dass Menschen wieder nach Gott fragen, ist ein hoffnungsvolles Zeichen der Zeit. Zugleich gibt es eine sich verstärkende Sehnsucht nach Sicherheit in einer zunehmend unübersichtlichen und gefährlichen Welt. Man will wissen, wo es langgeht und wie man leben soll, um mit sich im Reinen zu sein. Und schließlich liegt anderen wiederum mehr an Geborgenheit und Ergriffenheit in einem subjektiven Erleben, fern von Wahrheiten und Lebensnor-

Entspannter Ausklang einer gelungenen Veranstaltung: Hans Joachim Meyer und ChristeanWagner ziehen Bilanz.

men. Man kann dies – mit einem Wort des Kölner Theologen Hans-Joachim Höhn – einen „anlehnungsbedürftigen" Individualismus nennen.

Das sind durchaus unterschiedliche Haltungen – die Offenheit für eine andere Wahrheit als die bisher bekannte, der Wunsch nach Sicherheit und nach innerer Festigkeit und schließlich die Sehnsucht nach subjektivem Erlebnis und ästhetischer Erfüllung. Die Offenheit kann zu einem neuen Lebensfundament führen, das Sicherheit gibt, weil es einen Lebenssinn eröffnet. Der Wunsch nach Sicherheit allein kann dagegen zu einer großen Versuchung werden, die, wie Vergangenheit und Gegenwart zeigen, die Fähigkeit zur Einsicht und zum Mitgefühl überwältigen kann. Und schließlich sind frei schwebende religiöse Stimmungen und Gefühle meist ichbezogen und scheuen gleichermaßen prüfendes Nachdenken und feste Bindung an gemeinschaftsstiftende Lebensnormen.

Der Islam mag zwar die Rückbesinnung Europas auf seine christlichen Wurzeln befördern. Doch können aus dessen Stärke und aus dessen Auftreten auch widersprüchliche Folgerungen gezogen werden – für oder gegen Religion. Dabei ist, wie die Geschichte zeigt, der Islam keineswegs zwingend fundamentalistisch und freiheitsfeindlich. Er liefert also weder ein Argument für prinzipielle Religionsfeindschaft, noch ist er ein Grund für Christen, nun selbst fundamentalistisch und freiheitsfeindlich zu sein. Auch wenn Christen die Nachrichten und Kommentare über die Wiederkehr der Religion nicht unlieb sind, so gilt doch auch jetzt das Paulus-Wort von der Unterscheidung der Geister. Denn der Eifer für die Wahrheit, nach der die Religionen suchen und in deren Credo sie sich unterscheiden, kann zur Selbstgerechtigkeit und zur Gewalt verführen. Die Wahrheit macht aber nur dann frei, wenn man sich in Freiheit für sie entscheiden kann.

Gleichwohl ist die neue Aufmerksamkeit für Religiöses für den christlichen Glauben eine große Chance der Zeit und damit eine große Herausforderung. Denn Zeichen der Zeit kann man missdeuten und Chancen der Zeit kann man verspielen. Die Kirchengeschichte ist voller Beispiele dafür. Schließlich ist die Einsicht, dass man in den Zeichen der Zeit die Chancen der Zeit erkennen muss, für die katholische Kirche der Neuzeit relativ jungen Datums. Nicht zuletzt für viele Katholiken war es ja eine große Überraschung, als Johannes XXIII. das von ihm einberufene Konzil unter ein solches Programm stellte. Und bei manchem Katholiken, der heute selig auf der Woge der neuen Religiosität zu schwimmen hofft, frage ich mich, ob er nicht zu jenen gehört, die sich mit dem päpstlichen Ruf nach einem Aggiornamento der Kirche niemals hat anfreunden können, sondern – ähnlich wie manche im östlichen Europa – schon lange auf einen Zug wartet, der ihn wieder in die Vergangenheit zurückfährt, jedenfalls in eine Zeit vor dem II. Vatikanischen Konzil und vor der Würzburger Synode. Es ist wahr: Vielen jungen Katholiken sagt das Bild des II. Vatikanums von der Kirche als dem Volk Gottes nicht mehr viel, weil dessen dynamisches Erneuerungspotenzial gemeinschaftsorientiert ist, wohingegen sie meist individualistisch gestimmt sind. Zu meinen, die heutige Jugend würde sich wieder einem regel- und autoritätsfixierten Glaubensverständnis zuwenden, ist deshalb realitätsfremd. Für den Umgang mit den Zeichen der Zeit und den in ihnen gegebenen Chancen gilt jedenfalls, dass die Erfahrungen der Vergangenheit zwar ein guter Ratgeber für die Gegenwart sein können, dass es aber keinen Rückweg in die Vergangenheit gibt.

Weil dies so ist, will ich einige Bemerkungen über einen ganz anderen Aspekt dieser neueren Entwicklung hinzufügen, nämlich über die Renaissance der Religion als Ereignis in den Medien, insbesondere im Feuilleton. Dass die Wiederkehr von Religion als öffentliches Thema die Medien fasziniert, ist selbstverständlich. Unverkennbar ist gewiss auch der Zusammenhang mit der sich ja schon seit längerem andeutenden Wende gegen Geschichtslosigkeit und kulturellen Zerfall und mit der Neuentdeckung der Werte von Bindung und Familie. Inzwischen beginnt sich jedoch das Kommentar- und Podiumskarussell immer rascher zu drehen, und man muss den Eindruck gewinnen, dass sich die Akteure immer lauter die gleichen Stichworte zurufen. Ich habe jedoch nicht vergessen, welche Hoffnungen 1989/1990 davon ausgingen, dass die Kirchen im Osten Deutschlands zu Zentren der öffentlichen Debatte und ihre Repräsentanten zu Moderatoren der gesellschaftlichen Wende wurden. Das hat zeitweilig den Kirchen Respekt eingebracht, aber es hat gegen den ostdeutschen „Volksatheismus“, um einen Begriff des Erfurter Theologen Eberhard Tiefensee zu gebrauchen, so gut wie nichts bewirkt.

Abwegig ist auch eine triumphalistische Deutung der komplexen religiösen Situation in Mittelosteuropa und im heutigen Russland mit ihren Untiefen und Unwägbarkeiten. Auch macht die Tatsache, dass die USA heute schlechthin als der Inbegriff der Moderne gelten, den evangelikalen Fundamentalismus in diesem Lande nicht zu einem Zeichen von Modernität. Müssen sich nicht vielmehr Christen erneut fragen, welches Verhältnis zwischen Freiheit und Fundamentalismus besteht? Und wieso ist überhaupt islamistische Gewalt ein Argument für das Wiedererstarken des Christentums?

Ich fürchte, dieses und anderes belegt nicht ein neues Interesse am Christentum, sondern zeugt in Wahrheit von einem ichverliebten und gesellschaftsvergessenen Konservativismus, der sich jeder gemeinsamen Verantwortung, jedem strukturierten Dialog und jedem gemeinschaftlichen Handeln entziehen will, dem öffentliches Engagement ein Horror ist und dem deshalb auch an Partizipation und legitimierter Repräsentation nichts liegt. Die geistige Verwandtschaft mit jenen, welche die Krise des Sozialstaats nutzen wollen, um sich seines Erbes zu entledigen und ganz generell der Politik jede Gestaltungskraft abzusprechen, ist offensichtlich. Die Freiheit des Individuums und die demokratische Ordnung freier Bürger werden in einen Gegensatz gebracht, in dem die gesellschaftsverbindenden Ideale der Solidarität und der Gerechtigkeit verschwinden sollen. Ist das eine realistische Perspektive? Die Erfahrung mit dem gegen die Demokratie gerichteten Ideal des christlichen Abendlandes hat jedenfalls gezeigt, dass der Weg zurück in die Vergangenheit nicht sehr aussichtsreich ist. Die europäische Gegenwart wird nämlich bestimmt von den Grundsätzen der Demokratie und nicht von einem verklärten Mittelalter.

Wie christlich ist Europa? Es gibt heute kein christliches Europa. Europa teilen die Christen mit vielen Menschen anderer Geistestraditionen. Aber eine der wesentlichen geistigen Quellen Europas ist der christliche Glaube. Wenn diese christliche Tradition nur noch eine Sache der Archäologie würde, wie das ja durchaus für bestimmte außereuropäische Regionen der alten Christenheit heute der Fall ist, dann hätten wir in der Tat in Europa eine andere Gesellschaft und eine andere Kultur. Dass es nicht dazu kommt, kann keine Verfassung garantieren, sondern das hängt allein von den Christen ab – von ihrer Zahl und von ihrem Zeugnis. Noch sind die Chancen gut, dass das lebendige Europa auch in Zukunft nicht ohne das Christentum gedacht und definiert werden kann. Und vielleicht tun sich gerade neue Chancen auf. Aber die Zukunft finden wir nicht auf dem Weg in die Vergangenheit, auch nicht in eine Vergangenheit, die von sich sagt, sie sei modern.

„Ehe und Familie als Grundlage unserer Gesellschaft"

Paul Kirchhof
Kulturforum Schillerplatz, Wiesbaden, 8. Februar 2007

Deutschland entdeckt seine Zukunft. Bisher war vieles verdeckt, insbesondere der selbstverständliche Ausgangsbefund, dass eine Gesellschaft nur in ihren Kindern fortlebt, dass unser Leben im Alter von der dann verantwortlichen jungen Generation abhängt.

Bisher glaubten wir, Wirtschaftswachstum ohne Kinderwachstum organisieren zu können. Jetzt erlebt der Unternehmer, dass er heute seine Kinderkleider nicht mehr verkaufen kann, morgen für seine Autos und übermorgen für seine Häuser keinen Nachfrager findet, wenn wir nicht mehr Kinder haben. Der Markt geht dorthin, wo die

Menschen sind, wo Erfinder, Unternehmer, Arbeitnehmer und Konsumenten sich am Wirtschaftsleben beteiligen.

Herkömmlich sehen wir den Geldwert in Abhängigkeit von der Stabilitätspolitik der Europäischen Zentralbank und der Bundesbank. Nunmehr wird uns bewusst, dass wir auf den Wert des Geldes nur vertrauen können, wenn die nächste Generation dieses Einlösungsvertrauen rechtfertigt. Wer heute einen Hundert-Euro-Schein spart, um in zwanzig Jahren Ähnliches dafür einzutauschen, muss seine Hoffnungen auf die dann arbeitende Generation richten, sich also heute um deren Existenz und Ausbildung bemühen.

Auch die soziale Sicherheit für Krankheit und Alter diskutieren wir heute noch als Problem gegenwärtiger Beitragszahlung, sind uns aber bewusst, dass diese Sicherheit von der Leistungsfähigkeit der Menschen in den kommenden Jahrzehnten abhängt. Wenn wir unsere Zukunft auf einen „Generationenvertrag" stützen, braucht dieser Vertrag einen Schuldner – und das ist die heutige Jugend.

Wenn wir wollen, dass unsere Sprache auch in Zukunft gesprochen und gepflegt, unsere Musik von Bach bis Beethoven, von Schumann bis Mozart gespielt wird, unsere Demokratie sich kraftvoll entwickelt, brauchen wir eine Kulturgemeinschaft, die wir das demokratische Staatsvolk nennen, die diese Kultur weiterträgt und erneuert. Unsere Kinder sind unsere Zukunft.

I. Drei Ziele der Familienpolitik

Wenn wir deshalb vom Staat erwarten, dass er Ehen und Familien fördert, verfolgen wir drei Ziele:

a) Junge Menschen wollen die Lebens-, Begegnungs- und Hausgemeinschaft von Ehe und Familie gründen, in der sich Liebe und Treue ereignen. Unsere Gesellschaft ist darauf angewiesen, dass diese Lebensform ihr Zukunft gibt und sie vor Lieblosigkeit und Treulosigkeit bewahrt.

b) Junge Menschen, Männer und Frauen, wollen im Beruf etwas leisten, die dort erlebte Begegnung, die Anerkennung und das Einkommen in Anspruch nehmen. Unsere Wirtschaft ist dringend auf diese Arbeitskräfte angewiesen.

c) Unsere Kinder beanspruchen die Zuwendung, das Verstehen, die Autorität, die Zeit ihrer Eltern. Die Eltern sollen ihren Kindern ihre Muttersprache vermitteln, sie im Vorlesen, Zuhören und gemeinsamen Spielen selbstbewusst und begegnungsfreudig machen, sie in unsere Lebensformen, Werte, Wirtschaftsweisen einführen. Doch viele Eltern nehmen sich zu wenig Zeit für ihre Kinder, überlassen deren Betreuung und Erziehung den Miterziehern der Medien. Wenn die Kinder dann in Videos und Computerspielen Fehlinformationen und Fehlwertungen empfangen, entwickelt sich nicht die Kraft, zu lesen und gut zu sprechen. Später werden sie nicht mit ihrer Sexualität umgehen, sich nicht gegen Gewalt abschirmen können.

Diese drei Ziele von Familie, Beruf und Zuwendung zum Kind scheinen gegenläufig, kaum miteinander vereinbar. Doch das ist ein entscheidender Trugschluss: Auch die Wirtschaft braucht die Kinder als Markt der Zukunft. Unsere schwache Inlandsnachfrage ist eine Schwäche der Kinderzahl. Der Mensch konsumiert am intensivsten, wenn er Vater und Mutter, Großvater und Großmutter geworden ist. Der Generationen„vertrag“ ist gefährdet, weil der eine Vertragspartner immer mehr wegzubrechen droht. Der soziale Staat kann die Sozialkosten nicht mehr finanzieren, wenn die Menschen sich nicht innerhalb einer Ehe, bei Krankheit oder Altersgebrechlichkeit stützen, ermutigen und helfen. Der öffentliche Friede bleibt nur gewahrt, wenn innerhalb der Familien die Grenzen des Rechts erprobt, aber auch durch energischen Hinweis der Eltern eingefordert werden. Würde jede Grenzverletzung durch das Kind vom Polizeibeamten oder Jugendstaatsanwalt korrigiert werden müsste, verlöre der Verfassungsstaat sein freiheitliches Gesicht.

Deutschland entdeckt seine Zukunft und einen selbstverständlichen Ausgangsbefund: Eine Gesellschaft lebt nur in ihren Kindern fort.

Der Ausgangspunkt der Familienpolitik weist also in seinen drei Zielen in dieselbe Richtung. Mann und Frau beanspruchen die Freiheit zu Ehe und Familie (Art. 6 GG) und ebenso die Freiheit zum Beruf (Art. 12 GG), wollen beide Freiheitsangebote der Verfassung annehmen und in ihrer Biographie voll zur Wirkung bringen. Zugleich empfinden sie ihre Elternverantwortung und Elternpflicht, um sich ihrem Kind so zu widmen, dass dieses die besten Möglichkeiten zur individuellen Entfaltung findet.

II. Die Gefährdung eines der reichsten Staaten der Welt

Deutschland ist eines der ärmsten Länder der Welt. In der Armutsstatistik steht unser Land im Vergleich der Staaten heute fast an letzter Stelle. Entwicklungshilfe ist nicht zu erwarten. Ich spreche von der Kinderarmut, nicht von unserem Kapitalreichtum, dessen Glanz bald verblassen wird, wenn wir nicht mehr wissen, an wen wir unseren Reichtum weitergeben sollen. In der Statistik des Kapitalreichtums stehen wir im Vorderfeld. Es gibt kaum einen Staat, bei dem die Schere zwischen Kapitalreichtum und Kinderarmut so auseinanderklafft.

Deshalb ist es unsere wichtigste Aufgabe, unsere eigene Zukunft – die der Gesellschaft, die des Staates, auch das individuelle Wohlergehen – in der Existenz einer zu Freiheit und Demokratie bereiten Jugend zu sichern, also unsere Ehen und Familien zu stärken und besser zur Entfaltung zu bringen.

Ohne Familie gibt es keine wirksame Erziehung, ohne Erziehung keine Persönlichkeit, ohne Persönlichkeit keine Freiheit. Die Familie ist die Gemeinschaft zwischen Eltern und Kindern. Art. 6 GG schützt die Familie als Lebens- und Erziehungsgemeinschaft und bestimmt ihren Auftrag als verantwortliche Elternschaft durch die prinzipielle Schutzbedürftigkeit des heranwachsenden Kindes.

Der freiheitliche Staat gibt seine eigene Zukunft in die Hand dieser Familie. Er baut auf die elterliche Erziehung, die den Kindern hinreichend Wissen, Selbstbewusstsein und Entscheidungskraft vermitteln soll, um sie auf das Leben in einer freiheitlichen Demokratie, in einer arbeitsteiligen Wirtschaft und in einer Gesellschaft mit hohen technischen und ökonomischen Standards vorzubereiten. Unsere Zukunft hängt davon ab, ob die jungen Menschen bereit sind, eine Ehe zu gründen, die Elternverantwortung für Kinder zu übernehmen und diese in der Geborgenheit familiärer Zuwendung zu erziehen. Das deutsche Grundgesetz stellt deshalb Ehe und Familie unter den „besonderen Schutz der staatlichen Ordnung".

Dieser Schutzauftrag verpflichtet den Staat, in seiner Rechtsordnung das Institut der Ehe und Familie bereitzustellen, diese Personengemeinschaften als Keimzellen jeder staatlichen Gemeinschaft zu achten und zu schützen und die Ehe und Familie durch geeignete Maßnahmen zu fördern sowie vor Beeinträchtigungen und Belastungen zu bewahren.

Jeder Staat und jede Gesellschaft werden deshalb daran gemessen, was sie für ihre Zukunft getan haben, welche Jugend sie hervorgebracht, welche Prägungen sie der nachfolgenden Generation gegeben haben. Ein Staat ohne wohlausgebildete und deswegen freiheitsfähige junge Menschen könnte in Zukunft keine Demokratie mehr sein.

Diese Verfassungsvoraussetzung ist jedoch gegenwärtig in Deutschland nicht mehr selbstverständlich, der demokratische Rechtsstaat deshalb in seiner Existenz gefährdet: Die Entwicklung von Geburten und Sterbefällen, die sich vermindernde Zahl von Ehen, die zunehmende Häufigkeit von Scheidungen, der Wiederanstieg der außerehelichen Geburten und die Zahl der Alleinerziehenden belegen, dass der Zusammenhalt der Menschen in der Lebens- und Erziehungsgemeinschaft der Familie gelockert, die Sinngebung des Lebens durch das eigene Kind in Frage gestellt, die gegenseitige Bindung in einer lebenslänglichen Verantwortungs- und Beistandsgemeinschaft geschwächt zu werden droht. Deswegen müssen sowohl das gesamte staatliche als auch das wirtschaftliche System darauf ausgerichtet werden, dass die ehemalige Selbstverständlichkeit, hinreichend junge Menschen, aber auch hinreichend freiheitsfähige Menschen zu haben, wieder zur Realität wird.

III. Die Familie in einer freiheitlichen Gesellschaft

Der Staat weiß, dass er darauf angewiesen ist, auch in Zukunft junge Bürger zu haben. Als ein freiheitlicher Staat muss er die Entscheidung für oder gegen die Familie aber in die Hand der Freiheitsberechtigten geben. Freiheiten sind immer Angebote, die der Freiheitsberechtigte annehmen, aber auch ausschlagen kann. Der Staat baut dennoch darauf, dass die Mehrzahl der Freiheitsberechtigten von sich aus die Freiheit tatsächlich wahrnimmt.

Das Wirtschaftsleben wird durch die Berufs- und Eigentümerfreiheit bestimmt. Das bedeutet, dass der Einzelne sich am Berufsleben beteiligen, sich um das, was ihm eigen ist, kümmern darf – er diese Bemühungen aber auch unterlassen mag. Würde die Mehrzahl der Menschen in Deutschland sich entscheiden, als Diogenes in der Tonne zu leben, sich also um Ökonomie nicht zu kümmern, hätte niemand das Recht verletzt, weil auch diese Entscheidung Inhalt der Freiheit ist. Die soziale Marktwirtschaft, der Steuer- und Finanzstaat wären aber an ihrer eigenen Freiheitlichkeit zugrunde gegangen.

Auch unser Kulturstaat ist darauf angewiesen, dass es immer wieder Menschen gibt, die sich wissenschaftlich für die Erkenntnis der Wahrheit anstrengen; die sich künstlerisch bereitfinden, das Schöne zu empfinden und in Formen auszudrücken; die religiös immer wieder nach dem Unerforschlichen fragen. Gäbe es solche Menschen nicht, wäre wiederum das Recht sorgfältig beachtet, dieser Kulturstaat aber sprachlos und handlungsunfähig.

Dieses Angewiesensein des freiheitlichen Staates auf die Annahme eines Freiheitsangebots durch den Einzelnen gilt auch für die Freiheit von Ehe und Familie. Der Staat baut darauf, dass wir auch in Zukunft viele Kinder haben, die diesen Kulturstaat tragen, dieses Wirtschaftssystem am Leben halten, diese Demokratie mit Inhalt und Gedanken füllen. Dennoch gibt der freiheitliche Staat die Entscheidung für oder gegen die Ehe und die Familie selbstverständlich in die Hand der Berechtigten.

IV. Räumliche Trennung von Familienort und Berufsort

Die Bereitschaft und Fähigkeit der jungen Menschen zu Ehe und Familie wird besonders durch eine Struktur der gegenwärtigen Berufs- und Wirtschaftsordnung erschwert, die sich insbesondere in der Trennung von Familienort und Berufsort ausgewirkt hat. Die Ausgangssituation des 19. Jahrhunderts war kinderfreundlicher: Es gab Gewerbebetriebe und landwirtschaftliche Betriebe, in denen Vater und Mutter ihren Beruf ausgeübt und zugleich ihre Kinder erzogen haben. Die heutige Trennung von Familien- und Erwerbsort ist keine familienfeindliche Unternehmung, sondern folgt schlicht den Erfordernissen der industriellen Produktion. Die jungen Menschen von heute müssen sich morgens entscheiden, ob sie zu Hause bleiben und die Kinder erziehen oder in die Fabrik, ins Büro gehen, um ihren Beruf auszuüben. Aus dem „Sowohl-als-auch“ von Berufsfreiheit und Familienfreiheit unseres Grundgesetzes ist ein schroffes „Entweder-oder“ geworden.

V. Wirtschaftlicher Wert der Erziehungsleistung

Der zweite Grund für die gegenwärtige familienfeindliche Gesellschaftsstruktur ist die rechtliche Herabstufung der Familientätigkeit zu einer wirtschaftlich unerheblichen Leistung. Die Arbeit, die die erziehenden Eltern – in traditioneller, verfassungsrechtlich nicht veranlasster Aufgabenteilung die Mütter – erbringen, wird allenfalls als Schattenwirtschaft zur Kenntnis genommen; nur der beruflichen Erziehungsleistung – der Lehrerin, der Sozialtherapeutin, der Kindergärtnerin – wird ein wirtschaftlicher Wert zuerkannt.

Das Bundesverfassungsgericht hat sich wiederholt mit diesem Problem auseinandergesetzt und aus Art. 6 Abs. 4 GG abgeleitet, dass die Verpflichtung dieser Rechtsgemeinschaft zum Schutz der Mutter nicht nur den Mutterschutz wenige Wochen vor und nach der Geburt betreffe, sondern dieser Schutz auch und insbesondere diese Vereinbarkeit von Erziehungstätigkeit und Berufstätigkeit meine. Es hat den Gesetzgeber verpflichtet, „Grundlagen dafür zu schaffen, dass Familientätigkeit und Erwerbstätigkeit aufeinander abgestimmt werden können und die Wahrnehmung der familiären Erziehungsaufgabe nicht zu beruflichen Nachteilen führt. Dazu zählen auch rechtliche und tatsächliche Maßnahmen, die das Nebeneinander von Erziehungstätigkeit und Erwerbstätigkeit für beide Eltern ebenso wie die Rückkehr in eine Berufstätigkeit und einen beruflichen Aufstieg auch nach Zeiten der Kindererziehung ermöglichen.“

Viele junge Eltern wären gerne bereit, ihre Berufstätigkeit für eine Zeit zu unterbrechen, um die Kinder zu erziehen, wenn sie die Sicherheit hätten, später eine ernsthafte Chance zur Rückkehr in den Beruf vorzufinden. In der Realität aber ist vielfach eine längere Berufsabstinenz gleichbedeutend mit einem endgültigen Abschied vom Beruf für das gesamte Leben. Hier kann das Recht viel helfen, in diesem Bereich kann auch der Finanzstaat fördernd wirken und unser Bildungssystem kann Ergänzungs- und Vertiefungskurse für diejenigen anbieten, die zeitweilig aus der Erwerbstätigkeit ausgeschieden sind.

Die Erziehungsleistung muss also rechtlich und ökonomisch als Wert anerkannt, muss in Honor und Honorar gewürdigt werden. Das Familienrecht, das Vierte Buch des BGB, leistet das heute noch in angemessener Weise, wenn es die Eltern in Krisenzeiten wie Arbeitslosigkeit, Krankheit oder Alter und insbesondere nach dem Ausscheiden aus dem Arbeitsleben dadurch versorgt, dass es ihnen einen Unterhalts-, Betreuungs- und Beistandsanspruch gegen ihre Kinder einräumt. Das Motto hieß früher einmal: „Kinderreichtum ist wirtschaftliche Sicherheit."

VI. Der Generationenvertrag

Dieses System – es ist geltendes Recht – wird heute durch eine soziale Errungenschaft überspielt, die nicht in Frage gestellt werden soll: die

Das überwältigende Interesse am Vortrag von Paul Kirchhof machte eine Raumänderung nötig und füllte auch das Wiesbadener Kulturforum bis auf den letzten Platz.

kollektive Zwangsversicherung. Wir haben ein Renten- und ein Sozialversicherungssystem aufgebaut, das auch demjenigen, der das Pech hat, keine Kinder zu haben, in Zeiten des Alters und in der Not Sicherheit gibt. Dieses System der staatlichen Sicherung leidet aber an der Fehlkonzeption, dass an den Segnungen dieses Generationenvertrages eine Personengruppe nicht oder kaum aus eigenem Recht beteiligt ist: Ausgeschlossen oder auf Minderansprüche verwiesen sind die Personen – und das ist eigentlich das Skandalon unserer Gegenwart –, die diesen Generationenvertrag ermöglicht haben, nämlich herkömmlich die Mütter. Begründet wird diese Benachteiligung mit der kühnen Behauptung, diese Mütter hätten zum Generationenvertrag nichts beigetragen. Sie erhalten keinen Lohn, so dass kein Beitrag abgezweigt werden kann, die Mütter also, rein monetär betrachtet, nichts beigetragen haben. Dadurch findet eine Umverteilung zulasten der Familien und der Mütter statt. Diejenigen, die sich allein für das Berufsleben entschieden haben, sind im Generationenvertrag berechtigt, denn sie haben Beiträge geleistet. Demgegenüber gehen diejenigen, die auf das zweite Einkommen verzichtet und sich ganz der Erziehung ihrer Kinder gewidmet, damit diesem Gemeinwesen ihre Zukunft gesichert haben, leer aus, obwohl sie den Generationenvertrag erst ermöglicht haben.

Wenn das Familienrecht den Unterhaltsanspruch der Eltern gegen die Kinder weiterhin anerkennt, das Sozialversicherungsrecht die Kinder jedoch vorrangig verpflichtet, die Erwerbstätigen und nicht die Erziehenden zu finanzieren, so kehrt sich der verfassungsrechtliche Gedanke der familiären Unterhaltsgemeinschaft in sein Gegenteil: Im alltäglichen Normalfall muss das Ehepaar mit Kindern zur Erfüllung des Erziehungsauftrags auf die Erwerbstätigkeit eines Elternteils, damit auf dessen Einkommen und Rentenanspruch verzichten, hat dafür aber die Aufwendungen für Kinder zu tragen, während ein Paar ohne Kinder über zwei Einkommen, zwei Rentenansprüche und deren Kumulation im Hinterbliebenenfall verfügt. Der Staat organisiert die sozialstaatliche Errungenschaft einer Sicherung in Alter und Krise für alle – auch die kinderlosen – Erwerbstätigen, zwingt aber die

Kinder, die eigenen Eltern, die ihnen Erziehungsleistung und Erziehungsaufwand zugewandt haben, leer ausgehen zu lassen.

Deshalb hat das Bundesverfassungsgericht im Urteil zu den „Trümmerfrauen“ festgestellt, die gesetzgeberische Entscheidung, „dass die Kindererziehung als Privatsache, die Alterssicherung dagegen als gesellschaftliche Aufgabe gilt“, benachteilige die Familie, ohne dass es dafür „angesichts der Förderungspflicht aus Art. 6 Abs. 1 GG einen zureichenden Grund“ gebe. Der Gesetzgeber hat „jedenfalls sicherzustellen, dass sich mit jedem Reformschritt die Benachteiligung der Familie tatsächlich verringert.“ Im Urteil zum Schwangerschaftsabbruch hat das Gericht – nunmehr der Zweite Senat – dieses Postulat aufgenommen und nochmals bekräftigt. Ausgangspunkt für eine familiengerechte Ausgestaltung des Systems der Sozialversicherung ist die Gleichwertigkeit von Erziehungsleistung und Erwerbsleistung: Zwar kann der Beitrag zur Aufrechterhaltung der Sozialversicherung, der in Form der Kindererziehung geleistet wird, im Unterschied zu den monetären Beiträgen der Erwerbstätigen nicht sogleich in Form von Rentenzahlungen an die ältere Generation ausgeschüttet werden. Die materielle Gleichwertigkeit von Kindererziehung und monetärer Beitragsleistung liegt jedoch in der gleichen Arbeitsleistung, dem gleichen Konsumverzicht und dem gleichen Angewiesensein auf Sicherheit und Bedarfsdeckung. Kindererziehung und monetäre Beitragsleistung sind deshalb als Grundlagen der öffentlichen Sozialversicherung gleichwertig und müssen zu gleichwertigen Leistungen führen. Diese Sicht des Generationenvertrages vermeidet den gegenwärtigen Wirklichkeitsverlust, der die Existenz der nachfolgenden Generation unterstellt, ohne sie aber als Bedingung der Versicherungsleistungen zu berücksichtigen.

VII. Staatshaushalt und Familie

Ähnliches gilt für die steuerrechtlichen Rahmenbedingungen, in denen sich Ehe und Familie entfalten können. Der Staat muss bei der Besteuerung seiner Bürger, die den Bürgern Eigenes wegnimmt, hin-

Über 300 Gäste besuchten die Veranstaltung mit Paul Kirchhof – darunter auch der hessische Ministerpräsident Roland Koch und der Regierungspräsident von Gießen, Wilfried Schmied.

reichend beachten, dass Eltern ihre Kinder zu erziehen und zu unterhalten haben, also einen anderen Bedarf befriedigen, als die Kinderlosen, die diese Verpflichtung nicht zu tragen haben.

Die familiengerechte Besteuerung beginnt bereits beim Tatbestand der Ehe. Im Einkommensteuerrecht gilt das Prinzip der Individualbesteuerung: Jeder muss die Steuern zahlen, die seinem individuellen Einkommen entsprechen. Haben die Menschen in einer Erwerbsgemeinschaft ihr Einkommen erzielt – in einer Gesellschaft des bürgerlichen Rechts, einer OHG, einer KG –, dann dürfen sie für Zwecke der Besteuerung den gemeinsamen Gewinn, der dort einheitlich und gesondert festgestellt wird, unter sich aufteilen. Eine Erwerbsgemeinschaft führt also zu einem durch Aufteilung individualisierten Einkommen.

Eine solche Erwerbsgemeinschaft, an der dieser Verfassung in besonderer Weise gelegen ist, ist die Ehe – Art. 6 Abs. 1 GG –, in der sich Mann und Frau verpflichtet haben, alle ihre Angelegenheiten, Familie und Erwerb, gemeinsam wahrzunehmen und eheintern aufzuteilen. Wie sie ihre Tätigkeiten aufteilen, geht den Staat nichts an. Hieraus zieht unser Einkommensteuerrecht die zutreffende Konsequenz des so genannten Ehegattensplittings: Die Ehepartner dürfen ihre gemeinsamen Erträge für Zwecke der Individualbesteuerung ebenfalls aufteilen. Das Splitting privilegiert somit nicht die Ehegatten, sondern erfüllt die Anforderungen des Gleichheitssatzes. Wenn sonstige Erwerbsgemeinschaften im Ziel der Individualbesteuerung anerkannt werden, dann darf die Erwerbsgemeinschaft der Ehe diese Anerkennung erst recht erwarten.

Einen weiteren Reformbedarf begründet sodann die Besteuerung des Familieneinkommens: Selbstverständlich können Eltern, wenn sie nach dem Familienrecht einen Teil ihres Einkommens zur Erfüllung ihrer Unterhaltspflicht an ihre Kinder weitergeben müssen, über diesen Teil ihres Einkommens also nicht verfügen dürfen, weil er den Kindern gehört, auch nicht in der Weise verfügen, dass sie daraus Steuern zahlen. Der Teil, der für die Unterhaltspflicht verwendet wird, kann nach unserer Rechtsordnung nicht den Eltern, sondern muss den Kindern zugerechnet werden. Dieser Grundsatz ist im Kinderfreibetrag und – noch wichtiger – für Eltern ohne oder mit geringem Einkommen im Kindergeld anerkannt.

Die Höhe des Kindergeldes und die angemessene Berücksichtigung des Kindesunterhaltes bei der Besteuerung der Eltern sind gegenwärtig jedoch noch nicht hinreichend geregelt. Das Bundesverfassungsgericht hatte dieses Problem am Beispiel des Haushaltsfreibetrages und der Kinderbetreuungskosten zu entscheiden. Der Steuergesetzgeber gestattete – vereinfacht gesagt – jedem Alleinerziehenden, zusätzlich zum Kinderfreibetrag 9.616 DM pro Jahr (1992) von seiner einkommensteuerlichen Bemessungsgrundlage abzuziehen. Dieser Abzug war allerdings nur Alleinerziehenden möglich.

Das Bundesverfassungsgericht hat diese Benachteiligung der Eheleute als verfassungswidrig beanstandet und dem Gesetzgeber eine allgemeine Neuregelung angemessener, an Existenzminimum, Erziehungs- und Betreuungsbedarf bemessener Beträge aufgegeben. So haben wir rechtliche Kriterien, um zu beobachten, ob Staat, Wirtschaft und Gesellschaft zukunftsvergessen sind oder die eigene Zukunft – durch die eigenen Kinder – sichern wollen. Es genügt selbstverständlich nicht, Steuerabzugsbeträge innerhalb von Ehe und Familie umzuverteilen. So gewinnen die Familien in der Summe nichts – es gewinnen einige Familien, andere Familien verlieren entsprechend. Es geht vielmehr um ein Umverteilungsanliegen innerhalb der Gesamtheit der Steuerzahler. Der Gesetzgeber muss sich auch die Frage stellen – nachdem er eine Unternehmenssteuerreform geregelt hat –, ob mindestens eine gleiche Steuerreform mit ähnlichen Volumina zugunsten der Familie geboten ist. Gestaltungsspielräume sind da; die Wissenschaft hat Modelle vorgelegt, deren man sich bedienen kann.

VIII. Unverzichtbarkeit der Familie für ein freiheitliches Wirtschaftssystem

Unsere Wirtschaft, unsere Gesellschaft und auch unser Sozialstaat müssen wieder befähigt werden, aus der Kraft der Selbstbetreuung, der Selbstorganisation, der Selbsthilfe durch die Familien zu leben und ihre Zukunft zu sichern. Wir können nicht das Problem der Kinderarmut finanzieren, sondern müssen es lösen. Hätten wir keine Familien, keine verantwortliche Elternschaft mehr und würde die Mehrzahl der Eltern ihre Kinder dem Sozialstaat anvertrauen, würden nicht diese Familien, sondern der Sozialstaat den Unterhalt bezahlen müssen. Es würden diese Familien das kranke Kind nicht pflegen, die alten Menschen nicht begleiten, sondern alle in Kinder- und Seniorenheime geben. Es fände der persönliche Dialog, etwa zwischen dem Vater und seinem Sohn, der die Grenzen des Rechts erprobt, nicht mehr statt, beträfe immer auch Polizei, Jugendhilfe und Staatsanwalt.

Gerade wenn die jungen Menschen einmal in unserer schwierigen Rechtsordnung eine Orientierungsarmut erleben, wenn Rechtsverletzungen drohen, ist es entscheidend, dass Eltern da sind, die vorbeugend oder zumindest den Schaden mäßigend dieses Kind begleiten. Wenn dort immer der Rechtsstaat eingesetzt würde, würden die Kinder kriminalisiert, verängstigt und damit nicht mehr zur Freiheit befähigt. Zur Freiheit gehören individueller Stil und individueller Stolz, das heißt auch ein Stück Selbstbewusstsein der jungen Menschen. Das wird in den Familien vermittelt, das kann nicht in gleicher Weise durch staatliche Bedienstete geleistet werden.

Sollte unser soziales Versicherungssystem teilweise auf eine private Versicherung umgestellt werden, kann auch dieses System nur gelingen, wenn in 10 und 20 Jahren die Zahl derer, die in die Versicherung einzahlen, nicht geringer geworden ist, während die Zahl derer, die Gläubiger dieser Versicherung sind und dann von dieser Versicherung Leistungen erwarten, dank der Segnungen der Medizin steigt. Müssten die Sicherungsfonds plötzlich ihre Aktienreserven auf den Markt werfen, weil weniger eingezahlt wird und mehr ausgezahlt werden muss, würde sich der Aktienmarkt fundamental verändern. Dann würde auch der Letzte merken, dass alle Sicherungssysteme darauf basieren, dass leistungsfähige, junge Menschen dieses Wirtschafts- und Staatssystem übernehmen. Der altersgebrechliche Mensch wird sich nicht mit der einen Hand auf eine Aktie und der anderen auf einen Fünfhunderteuroschein stützen können – er wird glücklich sein, wenn er einen Menschen findet, der ihn stützt. Und er wird ein noch größeres Glück erleben, wenn dieser Mensch sich ihm persönlich verbunden fühlt, weil er Sohn oder Tochter ist.

Vor allem aber kann der Staat ohne die Familien kein freiheitlicher mehr sein. Wenn nicht mehr die Eltern ihren Kindern in kultureller Vielfalt Sprache, Literatur, Musik, Lebenssicht und Einsichtsfähigkeit vermitteln, die Lebensperspektiven vielmehr ausschließlich von staatlichen Einrichtungen vorgezeichnet werden, wird die freiheitliche Gesellschaft in einer Grundkonformität verkümmern. Dieses gilt erst recht für die Religion. Der weltanschaulich neutrale Staat darf die Kinder nicht werbend in die Kultur einer bestimmten Religion einführen. Diese Chance zu kultureller Weite und Transzendenz gewinnen die Kinder zunächst durch ihre Eltern. Der Staat bekräftigt und bestätigt diese Vorgaben im kirchlich bestimmten Religionsunterricht je nach Bestimmung der Eltern und später der Kinder.

Wenn gegenwärtig ein Rückgang der Ehen und Familien beobachtet wird, erklären manche Medien diesen Trend zu einem Wertewandel. Darin liegt eine normative Todsünde. Wenn nämlich alles das, was sich tatsächlich ereignet, von einem sich entsprechend dem Faktischen wandelnden Wert begleitet wird, hätten wir keinen Maßstab mehr für richtig und falsch, für gut und böse. Das, was ist, wäre grundsätzlich wertvoll. Deswegen müssen wir auch für Ehen und Familien die Einsichtsfähigkeit und Urteilskraft zurückgewinnen, die wir in anderen Rechtsbereichen entfaltet haben: Wenn wir beobachten, dass auf deutschen Straßen täglich Menschen zu Tode kommen, würde niemand diese tatsächliche Entwicklung zum Wertewandel erklären und behaupten, das Gebot „Du sollst nicht töten" gelte nicht mehr. Vielmehr wird der Staat seine Anstrengungen steigern, den Lebensschutz auch auf den Straßen zu verbessern.

Einen entsprechenden Schutzauftrag erteilt Art. 6 Abs. 1 GG zugunsten der Ehe und Familie. Gäbe es diese Ehen und Familien nicht, könnte der Rechtsstaat seine Freiheitlichkeit nicht bewahren, der Sozialstaat würde seine Leistungsfähigkeit überfordern. Deshalb ist es Konzeption einer freiheitlichen Gesellschaft, ihre Zukunft in Ehe und Familie zu entfalten und damit sicherzustellen, dass unsere Gesellschaft nicht im Erwerbsstreben stirbt, sondern im Kind vital bleibt.

„Was uns leitet – Zum geistigen Profil christlicher Demokratie“

Bernhard Vogel
Kloster Eberbach, 24. April 2007

Ihre Einladung ehrt mich, und Ihre Einladung freut mich. In einer Reihe – Herr Wagner hat sie genannt – mit Andreas Schockenhoff, Hans Joachim Meyer, Paul Kirchhoff, Norbert Lammert und auch Arnulf Baring sprechen zu dürfen, ist eine Ehre.

Ich bedanke mich für die sehr freundliche Vorstellung, vor allem aber dafür, dass Sie an die Aufgaben der Konrad-Adenauer-Stiftung erinnert haben. Zu wenige in Deutschland nehmen zur Kenntnis, was das heißt, in mehr als 70 Ländern der Welt für Demokratie, Rechtsstaatlichkeit und Freiheit werben zu dürfen.

Und Sie waren auch so freundlich, an die Buchpublikation [*Deutschland aus der Vogel-Perspektive*] zu erinnern. Ich mache nur darauf aufmerksam, damit kein Missverständnis eintritt: Das ist kein Buch der großen Koalition! Es gibt zwar drei Artikel, die wir gemeinsam verantworten – und wer meinen Bruder kennt, weiß, wie schwierig so etwas ist. Es gibt aber darüber hinaus Kapitel, die nur einer geschrieben hat oder wo wir unterschiedliche Meinungen vertreten. Denn die eigentliche Zielsetzung ist, deutlich zu machen: Es lohnt sich, ein Leben für die Politik zu leben. Und es lohnt sich auch, wenn man unterschiedlicher Meinung ist, weil es auch Gemeinsamkeiten gibt. Die Unterschiede werden nicht geleugnet, aber die Zeiten, wo wir Beitrittserklärungen unserer jeweiligen Partei bei uns hatten, sind vergangen. Da ist Hopfen und Malz verloren – bei meinem Bruder. Aber mein Bruder würde sagen, auch bei mir. Nein, es geht darum, deutlich zu machen: Für diesen Staat lohnt es, dass man sich für ihn engagiert. Besser in einer anderen Partei als gar nicht! Das ist die Botschaft dieses Buches.

Nun ehrt es mich, nicht nur der anderen Redner dieser Reihe wegen, sondern weil die hessische CDU-Landtagsfraktion eingeladen hat. Es ist ja schon gesagt worden: Die sorglosesten Jahre meines Lebens habe ich in Hessen verbracht, meine Kindheit. Wenn ich mich nicht irre, das freut mich besonders, ist der heutige Oberstudiendirektor der Schule, die ich in Gießen besucht habe, heute unter uns. Und es freut mich, weil ich zunächst 25 Jahre vom Westen und dann zwölf Jahre vom Osten versucht habe, die gute Nachbarschaft zu Hessen zu pflegen, vor allem aber, weil ich seit den Tagen von Alfred Dregger bis heute, bis Roland Koch, in der hessischen CDU einen Eckpfeiler der Verlässlichkeit und der Geschlossenheit in der deutschen Christlich Demokratischen Union sehe – ein wahrhaft vorbildlicher Landesverband. Ich wünschte, es gäbe mehr davon. Und meine Bitte ist, dass Sie alles tun, dass das so bleibt. Die CDU Deutschlands braucht die CDU Hessens. Sind Sie sich dessen bitte auch für die Zukunft bewusst!

Die Freude, bei Ihnen sprechen zu dürfen, findet allerdings, zumal nach Ihrer Ankündigung, Herr Dr. Wagner, an der Herausforderung, mit der mich das Thema meines Vortrags konfrontiert, eine natürliche Grenze: Was leitet uns? Ist es allzu vermessen, hier in Kloster Eberbach eine Verbindungslinie zwischen den beinahe 1.000 Jahre alten Zisterziensern und unserem geistigen und politischen Standort und unserer geistigen und politischen Heimat der CDU zu ziehen?

Die Zisterzienser sind entstanden, weil sie die Benediktiner reformieren wollten. Sie sind entstanden, weil sie den Aufbruch in ein neues Zeitalter wollten, sie wollten überlieferten Traditionen durch erneuerte Grundsätze zu neuer Klarheit verhelfen. Das war ihr Thema. Und das wollten auch die Väter und Mütter unserer christlich demokratischen Idee auf dem materiellen und geistigen Trümmerhaufen, den der Nationalsozialismus in Deutschland nach dem Zweiten Weltkrieg hinterlassen hatte.

Und im Grunde wollen wir das auch heute, wenn wir darangehen, uns ein neues Grundsatzprogramm zu geben, angesichts – und das ist der eigentliche Grund, warum es diese Diskussion gibt – neuer epochaler Herausforderungen zu Beginn des 21. Jahrhunderts. Wir brauchen das neue Programm nicht, weil wir neue Grundsätze brauchen; wir brauchen das neue Programm, weil wir neue Antworten auf Herausforderungen brauchen, die es so 1994, als das Hamburger Programm, und 1978, als das Ludwigshafener Programm verabschiedet wurde, noch nicht gab.

Vor der Veranstaltung: Gelegenheit für einen kurzen Rundgang durch den eindrucksvollen Kreuzgang von Kloster Eberbach aus dem 14. Jahrhundert.

Und deswegen wollen wir uns Zeit nehmen, über die Baugesetze unserer Gesellschaft und über die Baugesetze der christlich demokratischen Bewegung nachzudenken. Wir wollen über die Frage diskutieren, wie wir – um den Osnabrücker Bischof Bode zu zitieren – auch den möglichen Erdbeben der Zukunft standhalten können. Denn die eigentlichen Herausforderungen, die das neue Jahrhundert mit sich bringt, kennen wir noch gar nicht. Wir müssen nicht nur gerüstet sein für das, was uns heute bedrängt, sondern wir müssen auch den Erdbeben der Zukunft standhalten können. Und deswegen die Frage: Was leitet uns? Was prägt das geistige Profil der christlichen Demokratie? Ich glaube, wenn man darüber nachdenkt, dann sind es drei Fähigkeiten, die die Union zu einer bestimmenden geistigen und politischen Kraft in Deutschland gemacht haben.

Das war zunächst unsere Integrationskraft. Wir haben die christlich soziale, die wertkonservative und die liberale Tradition der deutschen Parteiengeschichte zusammengeführt. Und wir haben uns Union genannt, weil wir eine Union von evangelischen und katholischen Christen sein wollten. Eine ökumenische Partei ist entstanden, lange bevor in den Kirchen die ökumenische Bewegung begonnen hat. Die Union ist im politischen Bereich vorangegangen, die Kirchen sind – Gott sei Dank – dann gefolgt.

Arbeitgeber und Arbeitnehmer, ländliche und städtische Bevölkerung, die unterschiedlichsten sozialen Schichten haben zusammengefunden und haben den Kampf gegeneinander, den Geist des Klassenkampfes, der die Weimarer Republik durchzogen hatte, überwunden. Nicht die gegen den Gegner geballte Faust, sondern die ausgestreckte Hand ist unser Symbol geworden. Eine föderale Union der Regionen ist nach dem Zerfall der Vor- und Übermachtstellung Preußens in Deutschland entstanden.

Und zweitens: unsere Kraft zur Modernisierung! Die Union war insbesondere in der Gründerzeit der Bundesrepublik dadurch geprägt, dass sie nach den Erfahrungen mit dem Nationalsozialismus und der von ihm verschuldeten politischen und gesellschaftlichen Katastrophe einen neuen Aufbruch wagte. Es war doch nicht selbstverständlich, dass man 1945/46 einen neuen Aufbruch wagte – da gehörte sehr viel mehr Mut dazu als angesichts aller Herausforderungen, die heute zu bestehen sind. Und wir wollten Deutschland in den Kreis der freien Völker der westlichen Demokratien führen und dadurch letztlich die Wiedervereinigung ermöglichen. Wir haben es ja gerade im Gedenken an 50 Jahre Römische Verträge gefeiert.

Und die Union hat einem Wirtschaftssystem zum Durchbruch verholfen, das uns, leider zuerst nur im Westen Deutschlands, zu

Wohlstand führte und uns bis heute in aller Welt Bewunderung und Faszination einbringt.

Mit anderen Worten: Wir wollten die zweite Chance nutzen, eine fest fundierte demokratische Ordnung in Deutschland aufzubauen. Und wir können doch, glaube ich, nach 60 Jahren sagen: Wir haben diese zweite Chance genutzt. Ich glaube, das ist nicht überheblich, sondern das ist eine realistische Bilanz nach 60 Jahren.

Und schließlich, drittens: unsere Kraft zur Bewahrung und zur Erneuerung! Wir haben uns vom christlichen Menschenbild, von unserer Überzeugung, dass der Mensch nach dem Ebenbild Gottes geschaffen ist und dass darum die Würde des Menschen unantastbar ist, leiten lassen. Und wir haben uns von der evangelischen Sozialethik und der katholischen Soziallehre leiten lassen. Es ist keine Frage: Die Prinzipien dieser beiden Grundpositionen prägen unser Grundgesetz, prägen die Präambel mit der Anrufung Gottes und prägen die ersten 19 Artikel mit ihren Grundrechten.

Niemand steht mehr für diese Profilierung der Union als Konrad Adenauer, dessen 40. Todestag wir in diesen Tagen gedacht haben. Kurt Sontheimer, der nicht im Verdacht steht, ein besonderer Freund der CDU zu sein, urteilt voller Hochachtung, dass die Adenauer-Ära zum Ausgangspunkt einer Erfolgsgeschichte geworden sei, wie sie keinem deutschen Staat der Vergangenheit beschieden gewesen war. Sicher, Adenauer war ein Mann des taktischen Geschicks, er verstand sich meisterhaft auf die Realpolitik und zuweilen auch auf kluge Taktik. Aber er war doch vor allem ein Mann mit einem klaren weltanschaulichen Fundament, das den Orientierungsrahmen für sein konkretes politisches Handeln abgab.

Sein Blick für den Einzelnen, für die Person, sein Vertrauen in die Fähigkeit des einzelnen Menschen und seinen Willen, sie zur Entfaltung zu bringen, bilden den Eckpunkt seines Koordinatensystems. Und er hat eine Selbstverständlichkeit verinnerlicht, die manchem aktuellen Finanzpolitiker heute immer wieder aus dem Blick zu geraten droht: die Erkenntnis nämlich, dass nur eine florierende Wirtschaft die Steuereinnahmen sichert, mit deren Hilfe staatliche Sozialleistungen zu finanzieren sind.

Staatliches Handeln muss an klaren Normen und an einem nachvollziehbaren Ordnungsrahmen ausgerichtet und muss kalkulierbar sein. Carl Jacob Burckhardt hat das kurz nach dem Tod Adenauers in einem Brief an Carl Zuckmayer – an den man ja hier im Rheingau erinnern darf – eindrucksvoll beschrieben. Ich zitiere Burckhardt: „Die Grundgefahr demokratischer Staatsformen, entweder in Anarchie zu versinken oder zur Diktatur zu führen, hat er [Adenauer] dadurch überwunden, dass er die Staatsautorität an ihren richtigen Platz stellte und durch seine mächtige Persönlichkeit von Erfolg zu Erfolg rechtfertigte. In einem Chaos unfruchtbarer theoretischer Erörterungen hat er dem nachgerade Seltensten, dem gesunden Menschenverstand, zum Sieg verholfen."

Der Sieg des gesunden Menschenverstands und der Sieg christlicher Werte führten zum Sieg des bürgerlichen Gesellschaftsmodells. Konrad Adenauer hat die Eckpfeiler einer bürgerlichen Kultur, die Sie in Ihrer Veranstaltungsreihe dankenswerterweise thematisieren, weil Sie den Mut haben, „bürgerliche" Kultur zu sagen, hat durch sein politisches Handeln diesen Eckpfeiler verkörpert. „Die Christen glauben nicht an die Utopie eines irdischen Paradieses, das Staat oder Gesellschaft oder Politik produzieren kann. Sie sind von der Endlichkeit, der Fehlbarkeit, der Sündhaftigkeit des Menschen überzeugt", ein Satz des Historikers Thomas Nipperdey. Konrad Adenauer hat das in seinem typisch rheinischen Idiom, das ich nicht beherrsche, sehr viel einfacher gesagt: „Wir müssen die Menschen so nehmen, wie sie sind; wir kriegen keine andern."

Es mag eine Binsenwahrheit sein, aber Binsenwahrheiten, die man vergisst, sind verloren. Meine Großmutter berief sich, wenn sie mir etwas anwies, nicht auf irgendein Gesetz, sondern sagte: „Kind, das tut man nicht!" Und das ist abhandengekommen. Als der 91-jährige Adenauer, nachdem er sein Amt niedergelegt hatte, einen amerikanischen Journalisten in seinem Refugium im Bundesrat empfing, fragte der Journalist: „Herr Bundeskanzler, wie sehen Sie die Zukunft Deutschlands?" Adenauers Antwort: „Mit Sorge." Auf die Frage des Journalisten „Warum?", die Antwort auf Rheinisch: „Das will ich Ihnen sagen, hier an diesem Fenster hat sich ein Vogel mit seinem Kot verewigt. Vor fünf Tagen habe ich meiner Sekretärin gesagt, das muss weggemacht werden. Vor drei Tagen habe ich sie gefragt, warum es noch nicht weggemacht ist. Haben Sie es denn nicht der Putzfrau gesagt? Doch, war die Antwort der Sekretärin, aber die Putzfrau hat gesagt, das ist die Zuständigkeit des Fensterputzers."

Wenn man über diese kleine Geschichte nachdenkt, weiß man, was es heißt, Schwierigkeiten, mit denen wir leben müssen, zu bestehen. „Das tut man nicht." Wenn das wieder eine Grundlage wäre, bräuchten wir auch weniger Gesetze.

Der christliche Realismus, um zum Zitat von Nipperdey zurückzukehren, setzt nicht nur Schranken gegen politische Träume vom perfekten Menschen, sondern auch Schranken dagegen, dass der Mensch sich zum Schöpfer erhebt. Nicht alles, was uns technisch und wissenschaftlich möglich ist, ist uns deswegen auch erlaubt. Eine an diesem Menschenbild orientierte Politik kann niemals einen totalen oder gar einen totalitären Anspruch auf ihre allumfassende Gestaltung beanspruchen. Politik darf sich den Menschen nicht total verfügbar machen. Darum kann es nach unserer Überzeugung eben auch keine christliche Politik geben, weil diese ebenfalls mit einem totalitären Anspruch gestalten würde, wohl aber kann es christliche

Politiker geben. Annette Schavan hat es vor ein paar Tagen besonders treffend formuliert, und so steht es übrigens auch in der Ziffer drei des Programmentwurfs unseres Grundsatzprogramms: „Aus christlichem Glauben lässt sich kein bestimmtes politisches Programm ableiten. Politisches und Christliches können nur dann füreinander fruchtbar werden, wenn sie sich voneinander unterscheiden und in solcher Unterscheidung Impuls füreinander zu werden."

Wir haben in der Konrad-Adenauer-Stiftung einen Kreis von renommierten evangelischen und katholischen Sozialethikern zusammengebeten, und sie haben ein Grundsatzpapier mit dem Titel „Im Zentrum Menschenwürde" erarbeitet. Sie kommen zu dem Ergebnis, dass eine Partei, die sich auf das christliche Menschenbild beruft, wissen muss, „welche grundlegende und umfassende Bedeutung diesem

Freudentaumel einer ganzen Nation am Reichstag – alljährlich wiederkehrend am 3. .Oktober, dem Tag der Deutschen Einheit.

Leitkonzept für alle Bereiche ihrer politischen Verantwortung zukommt, etwa für das Verhältnis der Kulturen und Religionen zueinander, für Religions- und Gewissensfreiheit, für Bioethik und Genforschung, für Wirtschafts- und Sozialpolitik, für Bildungs- und Erziehungspolitik".

Die konsequente Ausrichtung am christlichen Menschenbild ist nicht nur der Rahmen unseres politischen Handelns, sondern auch ein Stück weit der Stachel in unserem eigenen Fleisch, der Forderung zum aktiven Gestalten von uns selbst, das „C" bleibt ein Ärgernis für jene, die versuchen, sich der Kompliziertheit und Differenziertheit des politischen Alltags und des damit verbundenen Widerstreits der Interessen und Erwartungen zu entziehen. Gleichermaßen gilt das für jene, die Pluralismus mit Beliebigkeit verwechseln und damit geistige Führung durch die Politik aufgeben.

Unser Bekenntnis zum „C" – das sollten wir bitte nie vergessen – ist kein Anspruch, sondern ist eine Verpflichtung, die wir übernommen haben. Das haben nicht alle verstanden, gelegentlich sogar nicht einmal alle Kardinäle.

Wir in der Union suchen in Streitfragen zu oft allein nach der pragmatischen, taktischen Lösung und zu selten wird aus unserem Bild von Menschen auch ein Bild von unserer Gesellschaft. Es ist sehr gut, dass wir alle technischen modernen Möglichkeiten nutzen, um zu wissen, was die Leute denken. Es ist aber nur die halbe Aufgabe der politischen Führung, das zu tun, was die Leute heute oder morgen auf der Straße wollen, denn morgen oder übermorgen werden sie etwas anderes wollen. Politik ist nicht nur Umsetzung wechselnder Wünsche, sondern Politik ist auch Führung und Gestaltung. Anders und einfacher ausgedrückt: Wer den Wählern nur nachläuft, sieht sie immer nur von hinten.

Ich erinnere an das klassische Beispiel aus dem Jahre 1953, einer Zeit, als Herr Neumann und Frau Noelle begannen, Umfragen zu machen, und Felix von Eckardt, der Pressesprecher Adenauers, im Frühjahr zu Adenauer kam und sagte: Herr Bundeskanzler, 88 Prozent der Bevölkerung lehnen die Wiederbewaffnung Deutschlands ab. Sie sollten davon Abstand nehmen, denn im Herbst sind Bundestagswahlen. Und Adenauers klassische Antwort, natürlich auch in Rheinisch: Nein, Herr von Eckardt, ich werde nicht davon ablassen, aber Sie werden viel Arbeit bekommen. Und das Ergebnis war: das erste Mal absolute Mehrheit der Mandate im Deutschen Bundestag.

Ich plädiere dafür, dass man dem Wähler aufs Maul schaut, aber ich plädiere noch mehr dafür, dass man politische Führung nicht aufgibt, sondern dazu da ist, von einer als richtig erkannten Auffassung die Mehrheit der Wähler zu überzeugen und sich nicht nur von der Mehrheit von wechselnden Wünschen überzeugen zu lassen.

Ich nenne für das, was ich sagen wollte, ein Beispiel: Viele, auch in den Reihen unserer Partei, sind der Auffassung, dass das Ziel, langfristig wieder Vollbeschäftigung in Deutschland zu erreichen, absurd sei, eine Forderung von gestern sei, die nicht mehr in die Zeit passe und man sich deshalb von diesem Wunsch verabschieden müsse. Ich bin der Überzeugung, und wir haben das im Grundsatzprogrammentwurf klar formuliert, dass uns das christliche Menschenbild dazu verpflichtet, uns nicht damit abzufinden und auch in Zukunft nach Wegen zu suchen, wie wir Menschen in das Erwerbsleben und in Beschäftigung zurückbringen können, weil Arbeit nicht nur Broterwerb, sondern auch ein Stück Lebenserfüllung ist. Das heißt, unser Bild von der Gesellschaft wieder deutlicher herauszuarbeiten, ist ein wichtiger Impuls für die Bearbeitung unseres Grundsatzprogrammes, von dem ich spreche.

Was leitet uns? Denkanstöße für die Gäste, darunter die CDU-Landtagsabgeordneten Petra Müller-Klepper, Armin Klein, Günter Schork und Walter Lübcke (1.Reihe, v.l.).

Das Programm von 2007, das im Sommer als Entwurf verabschiedet und auf dem Parteitag Anfang Dezember in Hannover endgültig beschlossen werden soll, wird nicht christlicher sein als die vorhergehenden Programme, aber es wird anders als das Programm von 1994 in den einzelnen Themenbereichen, ausgehend von den Eingangskapiteln, deutlicher machen, welche Rolle das christliche Menschenbild für die konkrete Politik der Union spielt.

Warum führen wir denn die gegenwärtige Grundsatzprogrammdiskussion? Warum wird sie, wie die Konrad-Adenauer-Stiftung im Rahmen einer repräsentativen Befragung von rund 8000 Parteimitgliedern ermittelt hat, von über 80 Prozent der Mitglieder begrüßt? Ich glaube, das hat drei Gründe:

Erster Grund: Wir dürfen die Tatsache, dass wir bei der letzten Bundestagswahl, höflich gesagt, schlecht, unhöflich gesagt, saumäßig abgeschnitten haben, nicht dauerhaft verschweigen, sondern müssen bei aller Freude, dass wir die Kanzlerin stellen, die Gründe dafür analysieren.

Nicht nur die Union, beide große Volksparteien können mit dem Ergebnis der letzten Bundestagswahl nicht zufrieden sein. Die Ränder des politischen Spektrums werden stark und stärker. Die Linkspartei und die Rechtsradikalen gewinnen, die Wahlbeteiligung geht vor allem bei Landtags- und Kommunalwahlen zurück. Noch so sinnvolle Lösungsvorschläge für tagesaktuelle Fragen allein reichen nicht aus. Die Menschen wollen nach meiner Überzeugung zu Recht auch wissen, was denn die Grundsätze sind, nach denen die politisch Gestaltenden die Zukunftsfragen beantworten – die heute erst in Umrissen erkennbar sind – was unsere Zukunftsziele denn sind. Wer langfristige Perspektiven benennen, wer ein Zukunftsbild unseres Landes und auch ein Zukunftsbild von Europa entwerfen kann, wer Vertrauen schaffen und tatsächlich zu Zukunftsanstrengungen motivieren will, der darf nicht nur sagen, welcher Deckel auf welchen Topf gehört, sondern der muss die Grundsätze benennen und den Kern seiner Überzeugung klar und trennscharf freilegen – er muss nachweisen, dass er über ein klares Konzept verfügt.

Tun wir das nicht, dann wird unser Handeln beliebig und dann dürfen wir uns nicht wundern, dass auch das Wahlverhalten der Bürger beliebig wird. Das hängt miteinander zusammen! Wenn eine Partei nicht mehr wegen ihrer Grundausrichtung gewählt wird, sondern nur, weil sie in irgendeiner aktuellen Frage gerade dieses oder jenes Loch zuzumachen verspricht, werden wir auf Dauer keine wirklich überzeugende Wählerschaft und auch keine Partei mit einem klaren Kompass haben – das ist der erste Grund, warum wir das Parteiprogramm diskutieren.

Der zweite Grund ist: Wir mussten eine große Koalition eingehen, nicht, weil wir oder die Sozialdemokraten das wollten, sondern weil uns die Wähler schlechterdings keine andere Wahl ließen. In dieser Koalition besteht die Gefahr, dass der Wähler das Koalitionsabkommen für das neue Parteiprogramm hält und vergisst, dass eine Koalition ein Zweckbündnis auf Zeit ist – eine Einigung über Aufgaben, über die man sich einigen kann, und ein Ausklammern von Aufgaben, über die man sich nicht einigen kann. Es gibt ein paar Dinge, die sehr wohl auf den Weg gebracht worden sind: die Föderalismusreform, die Konsolidierung des Haushalts, ja sogar die Gesundheitsreform – es glaube doch niemand, das wäre mit der FDP leichter geworden. Und abgesehen davon habe ich gelernt: Wenn alle gegen etwas protestieren, kann es gar nicht so schlecht sein; schlimm ist es nur, wenn nur ein Teil dagegen protestiert.

Aber es ist doch auch keine Frage – wir haben Dinge ausklammern müssen, die dringend gefordert sind. Beispielsweise ist es unserer Vorstellung nach unsinnig, dass wir aus unsichereren Kernkraftwerken aus dem Ausland Strom beziehen und sicherere Kernkraftwerke in Deutschland abschalten. Das ist einfach unsinnig! Also: Wir müssen auf die Unterscheidbarkeit unseres Profiles achten – gerade weil und nicht obwohl wir in einer großen Koalition sind.

Und es gibt einen dritten Grund, warum wir diese Diskussion führen müssen: Auch wenn mich da vorsichtige Skepsis leitet, wie nachhaltig diese Tendenz ist, besteht für mich keine Frage, dass wir gegenwärtig eine zunehmende Hinwendung gerade auch der jungen Generation zu Fragen nach den Werten in unserer Gesellschaft erleben. Oder ist es nicht bemerkenswert, dass ein Komiker ein Buch schreibt über eine Wallfahrt, das sich millionenfach verkauft, dass sich ein ZDF-Journalist mit seinem Buch *Schluss mit lustig* an die Spitze der Verkaufslisten stellt, dass der Herausgeber vom *Cicero*, Herr Weimar, mit dem schlichten Titel „Credo" erstaunliche Auflagen erreicht? Hier ändert sich etwas, und ich bin ganz sicher, in Kürze wird das Buch des Papstes über Jesus alle Verkaufsrekorde schlagen.

Es scheint mir mit Händen greifbar, dass Familie kein Gedöns mehr ist, dass über Elite zu sprechen nicht als nationalsozialistisches Erbe diffamiert wird und dass es nicht mehr tabu ist, über Werte zu reden. Dabei will ich über die Inhalte der Bücher gar nichts sagen, sondern nur über die Aktualität des Themas. In einer solchen Situation wäre es sträflich und wider alle Vernunft, wenn die Union diese spürbare Entwicklung nicht nutzen würde. Wer sich um Werte bemüht, setzt nicht nur auf den gesellschaftlichen Trend, sondern er hat vor allem die Chance, dass seine Politik als Konsequenz einer eigenen und damit auch unterscheidbaren Wertorientierung wahrgenommen wird.

Das heißt allerdings nach meiner Überzeugung nicht, dass die Werte, die die Union seit ihrer Gründung prägen, deswegen jetzt neu formuliert oder neu gewichtet werden müssten. Nein, ich bin dafür, dass es bei den drei Grundwerten bleibt – Freiheit, Solidarität und Gerechtigkeit – und dass wir keine Rangfolge dieser Werte anstreben. Weil nicht jeder weiß, was eine Priorität ist, sprechen ja viele von der ersten Priorität.

Nach unserer Auffassung, und die Parteivorsitzende hat das in den vergangenen Jahren auf Parteitagen mehrfach angesprochen, ist eben Freiheit nicht denkbar ohne Solidarität und nicht denkbar ohne Gerechtigkeit, und Gerechtigkeit ist nicht ohne Freiheit denkbar, und Solidarität nicht ohne Gerechtigkeit vorstellbar. Wir haben deshalb im Identitätskapitel des Programms, im Einleitungskapitel, klar formuliert, dass diese drei Grundwerte einander erfordern und ergänzen, und das wird beispielsweise am Begriff der Gerechtigkeit besonders deutlich.

Natürlich ist das Symbol der Gerechtigkeit die Justitia mit verbundenen Augen, die keinen Unterschied zwischen den Menschen macht. Weil aber die Grundwerte nach unserem Verständnis eben einander erfordern und ergänzen, gehört für uns zur Gerechtigkeit auch, dass wir Gleiches gleich und Ungleiches ungleich behandeln. Gerechtigkeit sorgt dafür, dass die Freiheit des Einzelnen, die Freiheit des einen nicht zur Unfreiheit des anderen werden darf.

Das heißt zum Beispiel in der Bildungspolitik – und da hat ja Hessen so eine besondere Vergangenheit, obwohl kaum jemand den adligen Kultusminister mehr kennt, der mir zehn Jahre das Leben schwer gemacht hat –, in der Bildungspolitik zum Beispiel heißt dieser Grundsatz, dass alle gleiche Startchancen haben sollten – und davon sind wir in der Tat weit entfernt. Übrigens eines der wenigen Dinge in der PISA-Studie, die man wirklich ernst nehmen sollte. Im Übrigen gleicht sie dem schiefen Turm von Pisa, weil sie Dinge miteinander vergleicht, die nicht vergleichbar sind. Da mag Japan abschneiden, wie es will, ich möchte kein japanisches Bildungswesen in Deutschland. Und außerdem – Finnland in Ehren, aber Bayern läge vor Finnland, wenn es einzeln ausgewiesen würde, nur ist Hamburg weit hinter Finnland, und Bremen noch weiter.

Also: gleiche Startchancen ja, aber es heißt nicht, dass wir bei unterschiedlichen Begabungen alle auf das gleiche Niveau trimmen müssten. Der Ausgangspunkt muss gleich sein, nicht das Ziel! Wer uns weismacht: Wenn es die Schule nur richtig machte, könnte jeder Universitätsprofessor werden, sagt uns eine schreckliche Zukunft voraus. Gott sei Dank brauchen wir neben Universitätsprofessoren auch Handwerksmeister, und wir brauchen auch eine Elite bei den Handwerksmeistern, und wir brauchen auch Krankenpfleger, und es schadet auch nichts, wenn wir eine Elite bei den Politikern haben.

Die Gleichwertigkeit, die Gleichrangigkeit der Grundwerte darf nicht angetastet werden. Insofern ist es falsch, von einem neuen Grundsatzprogramm zu sprechen. Fortgeschrieben muss es werden,

Grundlage der deutschen Demokratie – das Grundgesetz mit seiner Päambel aus dem Jahr 1949.

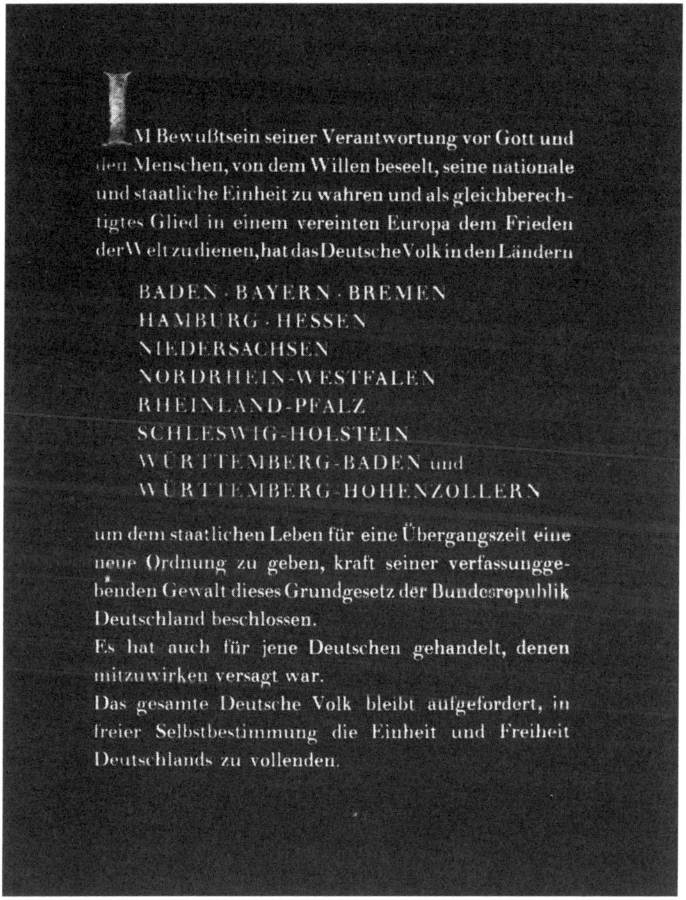

IM Bewußtsein seiner Verantwortung vor Gott und den Menschen, von dem Willen beseelt, seine nationale und staatliche Einheit zu wahren und als gleichberechtigtes Glied in einem vereinten Europa dem Frieden der Welt zu dienen, hat das Deutsche Volk in den Ländern

BADEN · BAYERN · BREMEN
HAMBURG · HESSEN
NIEDERSACHSEN
NORDRHEIN-WESTFALEN
RHEINLAND-PFALZ
SCHLESWIG-HOLSTEIN
WÜRTTEMBERG-BADEN und
WÜRTTEMBERG-HOHENZOLLERN

um dem staatlichen Leben für eine Übergangszeit eine neue Ordnung zu geben, kraft seiner verfassunggebenden Gewalt dieses Grundgesetz der Bundesrepublik Deutschland beschlossen.
Es hat auch für jene Deutschen gehandelt, denen mitzuwirken versagt war.
Das gesamte Deutsche Volk bleibt aufgefordert, in freier Selbstbestimmung die Einheit und Freiheit Deutschlands zu vollenden.

weil es eben seit der Verabschiedung des letzten Grundsatzprogrammes 1994 in Hamburg neue Herausforderungen zu bewältigen gibt. Ich nenne nur als Beispiele den demographischen Wandel, die Bedrohung der Schöpfung durch die gegenwärtig besonders diskutierten Stichworte: Klimawandel, Globalisierung der Welt, Terrorismus als anonyme neue Kriegsgefahr, Wandel von der Industrie- zur Wissensgesellschaft.

Was muss dieses Grundsatzprogramm enthalten?

Erstens, das Grundsatzprogramm muss gemeinsame Überzeugungen der CDU beschreiben, damit das Profil der Partei erkennbar ist, das Programm muss eines klarstellen: Wir müssen wissen, wer wir sind, und man muss wissen, wer wir sind.

Zweitens, das Programm muss den Zusammenhalt der Partei stärken, es muss sie einigen. Das Parteiprogramm hat eine integrierende Wirkung nach innen zu erfüllen.

Und drittens, das Grundsatzprogramm muss auf seine vorhersehbare Zukunft anwendbar sein, das heißt, es muss eine aufgabenorientierende Wirkung für das politische Handeln von dem Programm ausgehen. Es muss eine langfristige Perspektive aufzeigen. Es ist kein Wahlprogramm, es geht um die eigene Identität, aber nicht zuletzt auch um die Frage, was uns von den Programmen anderer Parteien unterscheidet. Übrigens auch dem der CSU – die ist ja regional bedingt auch eine große Volkspartei, von der wir nur hoffen können, dass sie so stark bleibt, wie sie war. Mit einer starken CSU hat die CDU manchen Kummer, aber mit einer schwachen hätten wir viel mehr Kummer. Wir können nur allerbeste Wünsche sagen.

Weil beide großen Volksparteien gegenwärtig Grundsatzprogramme diskutieren, geht es darum, Unterschiede, Unverwechselbarkeiten der CDU im Vergleich zur SPD klar festzuhalten. Und deswegen frage ich, Sie haben es vorhin ja schon einleitend angesprochen: Wo liegen diese Unterschiede?

Verfolgt man nur journalistische Kommentare und schaut man nur dem einen oder anderen Politikwissenschaftler auf den Mund, die mit schöner Permanenz den Untergang der Volksparteien predigen, dann scheinen sich die Unterschiede zwischen den Parteien nahezu aufgelöst zu haben. Ich wundere mich nur, dass wir trotzdem in der großen Koalition dauernd streiten. Wenn das eine zutrifft, kann das andere ja nicht sein.

Es wird gesagt, die SPD habe in den Augen der öffentlichen Meinung längst die Begriffshoheit über die soziale Marktwirtschaft errungen und damit einen Terminus gekapert, der wie kaum ein anderer für die Grundüberzeugung der Union steht. Von der CDU hingegen wird gesagt, sie sozialdemokratisiere sich.

Ich kann nur sagen: so ein Unsinn! Wer so etwas sagt, verkennt, dass die CDU immer eine ebenso wirtschaftsorientierte wie sozialpolitische Kraft war, und vergisst, dass alle wesentlichen sozialpolitischen Entscheidungen der letzten 60 Jahre von ihr getroffen und in ihrer Verantwortung in Deutschland durchgesetzt worden sind.

Der Leiter der Arbeitsgruppe „Staat und Gesellschaft" in der Grundsatzprogrammkommission, Herr Dr. Christean Wagner, könnte, was ich jetzt sage, vermutlich noch überzeugender darlegen als ich: Ich jedenfalls sehe einen der fundamentalen Unterschiede zur SPD in unserem anderen Verständnis vom Staat. Wenn man es philosophisch und sehr zugespitzt formulieren wollte: Es ist der Unterschied zwischen Kant und Hegel. Oder anders gesagt, konkret gesagt: Sozialdemokraten sprechen in ihrem Programm von einem vorsor-

Bernhard Vogel begeistert mit seiner Rede und jahrzehntelanger Erfahrung aus unterschiedlichen Funktionen.

genden Staat, das heißt, der Staat denkt voraus und weiß, was die Menschen brauchen, und weiß, was den Menschen guttut. Für uns kommt der Mensch nicht nur mit seinen Bedürfnissen, sondern auch in seiner individuellen Leistungsfähigkeit vor dem Staat. Für uns ist der Staat für den Menschen da, und nicht der Mensch für den Staat! Und das ist ein gravierender Unterschied.

Die notwendige sozialstaatliche Daseinsvorsorge darf nicht zur Entmündigung durch den Staat führen. Konzepte wie der vorsorgende Sozialstaat, die der DGB-Vorsitzende Sommer auf einer Veranstaltung der Konrad-Adenauer-Stiftung bemerkenswerterweise vor allem deshalb kritisiert hat, weil im Programmentwurf der SPD jede Aussage zu dessen Finanzierung fehlt. Der vorsorgende Staat hemmt letztlich die Leistungsfähigkeit des Einzelnen und die Entfaltung solidarischen Engagements. Oder um es in einem praktischen Bild zu zeigen: In meiner Gießener Zeit gab es noch kein Fernsehen, aber es gab den

Zirkus, und wenn der zum Oswaldsgarten kam und wir Kinder ihn besuchen durften, dann war nichts so erregend wie die Künstler im Trapez ganz oben. Und wenn einer runterfiel, dann fiel er in ein Netz, und das hat ihn vor Schaden bewahrt. So dicht muss das Netz für den sein, der Hilfe braucht, aber: Ich habe keine Aufführung im Zirkus in Gießen erlebt, bei der der Artist, der in das Netz fiel, bis zum Ende der Vorstellung drin liegen blieb! Sondern er hat es so rasch wie möglich wieder verlassen! Und das ist der Unterschied: nicht das Netz weniger dicht knüpfen, sondern Anlass schaffen, dass man das Netz, wenn es einen gesichert hat, aus eigenem Antrieb wieder verlässt. Das ist die soziale Seite der sozialen Marktwirtschaft und nicht das Aufstellen von möglichst vielen Netzen und immer gefährlichere Übungen, damit immer mehr Leute reinfallen.

Unser Bild vom Staat ist das Bild eines starken Staates – das Wort werden Sie im SPD-Programm sicher nicht finden! –, eines starken Staates, der die Sicherheit seiner Bürger garantiert und der die Schwachen schützt. Es ist das Bild eines Staates, der Eigeninitiative fördert, statt sie zu blockieren, ein Staat – um Herrn Wagner zu zitieren –, in dem selbstbewusste und engagierte Bürger in Freiheit und Verantwortung leben können. Wir wollen, um es noch einmal zu unterstreichen, einen starken Staat. Wir wollen keinen Nachtwächterstaat, aber wir wollen keinen allgegenwärtigen Staat. Entbürokratisierung heißt nicht in erster Linie Personalabbau, sondern heißt in erster Linie Aufgaben- und Regelungsabbau. Erst dann kann man auch Personal abbauen. Das heißt auch: nicht alles durch Gesetze regeln und verbieten zu müssen.

Das unterscheidbare Profil klar zu formulieren war für uns in dem ersten Kapitel des Grundsatzprogramms, für das ich in der Arbeitsgruppe „Identität" verantwortlich war, wichtig. Dabei hatten wir den klaren Auftrag, mit diesem Kapitel behutsam und sensibel umzugehen, auch weil uns klar war, dass unsere Kritiker jede Veränderung in diesem Teil zu 1994 und 1978 mit Argusaugen verfolgen würden. Wir haben eine Überarbeitung vorgenommen, eine Straffung – der Text des 1994er-Programms war uns, um es salopp zu formulieren, ein bisschen zu geschwätzig. Einige Änderungen haben wir allerdings vorgenommen, und zwar ganz bewusst: Wir bekennen uns selbstverständlich, wie die früheren Programme, zum christlichen Menschenbild als ethische Grundlage für verantwortliche Politik, und wir betonen, dass die Union für jeden offen ist, der die Würde und Freiheit aller Menschen anerkennt und die hieraus folgenden Grundüberzeugungen unserer Politik bejaht.

Jetzt folgt ein Satz, der in dieser Form neu ist, ich zitiere: „Auf diesem Fundament baut das gemeinsame Handeln von Christen, Andersgläubigen und Nichtglaubenden in der CDU." Im alten Programm war an dieser Stelle ausgrenzend nur von Christen und Nichtchristen die Rede. Wichtig war mir auch zu betonen, dass unsere Identität nicht nur die Identität der Gründer in der westdeutschen Bundesrepublik einschließt, sondern auch die friedliche Revolution von 1989 und die Überwindung der kommunistischen Diktatur in der DDR. Das wird im Westen Deutschlands leider immer noch gelegentlich vergessen.

Und neu ist ferner, dem gewaltigen Bedürfnis der Menschen nach Sicherheit Rechnung zu tragen. Wir sind der Versuchung nicht erlegen, Sicherheit zu einem Grundwert zu erklären. Aber wenn die Grundwerte, die wir haben, verwirklicht sind und wenn sie im richtigen Verhältnis zueinander stehen, ist auch das Bedürfnis der Menschen nach Sicherheit erfüllt – einer Sicherheit, die die innere und äußere Sicherheit ebenso umfasst wie die soziale Sicherheit und übrigens immer mehr auch die kulturelle Sicherheit. Die Liebe zum eigenen Land, das Bewusstsein von christlichen Traditionen, die Achtung von Ehe und Familie sind unabdingbar für ein umfassendes Verständnis von Sicherheit.

Wer sind wir? Wie definieren wir unsere Zusammengehörigkeit in unserem Vaterland? Was heißt das, dass wir eine gemeinsame Vergangenheit haben, dass wir eine Schicksalsgemeinschaft sind? Die Antwort auf diese Frage haben wir in den Mittelpunkt des zweiten Teils des ersten Kapitels im Grundsatzprogramm gestellt. Und das war eine besondere Herausforderung, weil es ein solches Kapitel in dieser Form in einem CDU-Grundsatzprogramm bislang nicht gegeben hat. Was wir versucht haben, ist nicht mehr und nicht weniger als die Formulierung eines Leitbildes für Deutschland, in dem der gesellschaftliche Zusammenhalt und die Chance auf freie Entfaltung der Person im Mittelpunkt stehen. Und ich will deswegen aus diesem, wie ich finde, sehr wichtigen Kapitel ein paar wesentliche Sätze zitieren: „Der Zusammenhalt unserer Gesellschaft hat sein Fundament in unserer Zusammengehörigkeit als Nation. Unsere gemeinsame Sprache und Geschichte und das Leben und Handeln in einem gemeinsamen Nationalstaat begründet ein elementares Zusammengehörigkeitsgefühl, zu dem wir uns bekennen." Und darauf folgt der Satz, der mir auch persönlich am Herzen liegt. „Wir bekennen uns ohne jede Überheblichkeit zu unserer schwarz-rot-goldenen Fahne, zu unserer Nationalhymne und zu Symbolen der Demokratie und der deutschen Einheit."

Wenn das dann in der Praxis auch heißt, dass in den Schulen die Nationalhymne gelernt und auch gesungen wird, dann hätten wir auch ein Stück Umsetzung erreicht. Ich war vor ein paar Wochen in Südafrika zu einer Tagung der Konrad-Adenauer-Stiftung. Ich habe die Kultusministerin dort besucht – eine Hanna-Renate Laurien in Schwarz, voller Power. Die Dame hat mir ein Buch darüber mitgegeben, wie man den südafrikanischen Kindern die nationalen Symbole erklärt. Da ist der Text der Nationalhymne abgedruckt, da sind die Noten abgedruckt, da ist ein bisschen Geschichte enthalten. Ohne Überheblichkeit bekennen wir uns zu unserer Nationalhymne und zu den Symbolen der Demokratie, zu denen ich beispielsweise neben dem Brandenburger Tor die Wartburg zählen möchte oder das Hambacher Schloss oder die Paulskirche.

„Die Nation", soll es weiter im Programm heißen, „ist eine Verantwortungsgemeinschaft für die Vergangenheit, für die Gegenwart wie für die Gestaltung der Zukunft". Jeder, der zu uns kommt und auf Dauer bei uns bleiben will, ist aufgefordert, sich mit diesem Land und seiner Geschichte vertraut zu machen und seinen Weg in die nationale Verantwortungsgemeinschaft zu finden. Ohne Patriotismus, ohne die Bereitschaft, in Heimat und Nation Pflichten zu erfüllen, Verantwortung zu übernehmen und Solidarität zu üben, kann ein Staat nicht gedeihen.

Wir verbinden diesen Text mit dem deutlichen Hinweis darauf, dass man stolz sein kann – auf die Geschichte, auf die Leistungen, die wir Deutsche in den letzten fünfzig Jahren in Wissenschaft, Kunst und Wirtschaft und Politik erbracht haben. Die Eingliederung von zwölf Millionen Vertriebenen und Flüchtlingen muss uns erst jemand in der Welt nachmachen. Die Behebung eines Großteils der Schäden der deutschen Teilung – muss uns auch erst jemand vormachen.

Wir bekennen uns zu den letzten fünfzig Jahren, aber auch zu unserer langen Geschichte! Und dann wird fortgesetzt, dass zu unserer Identität auch gehört, dass wir die schlimmen und beschämenden Jahre unserer jüngsten Geschichte zu dauernder Mahnung bewusst halten, sie nicht verdrängen und sie wegen ihrer Einmaligkeit gegen nichts aufrechnen. Patriotismus heißt auch, hier Verantwortung zu übernehmen.

Wichtig war uns auch, die Grundlagen unseres Zusammenlebens klar anzusprechen, und dazu gehört eben die Beherrschung der deutschen Sprache, aber auch den Mitbürgern achtungsvoll zu begegnen und zu Leistung und Verantwortung bereit zu sein. Ich will nur am

Rande erwähnen, dass ich hoffe, dass der Wunsch nach der Beherrschung der deutschen Sprache so verstanden wird, dass er sich nicht nur an Migranten richtet. Sie haben mich verstanden, und ich füge deswegen nur hinzu, wer Englisch lernen kann, soll Englisch lernen,

Akzente setzen in der Diskussion über Werte – mit der Veranstaltungsreihe der CDU-Fraktion im Hessischen Landtag ist dies gelungen.

und wer Deutsch lernen will, soll Deutsch lernen, aber er soll aus beidem keine Mischmasch-Sprache machen. Das wird übrigens weder der deutschen noch der angelsächsischen Kultur gerecht.

Besondere Aufmerksamkeit verdient in meinen Augen schließlich der Satz: „Unsere politische Kultur ist geprägt von Besonderheiten der deutschen Geschichte, wie die föderale und die konfessionelle Tradition, das besondere Verhältnis zwischen Staat und Kirche oder die Verantwortung, die den Deutschen aus den Verbrechen des Nationalsozialismus auch für die Zukunft erwächst." Es wird dann – und ich weiß, dass Sie, verehrter Herr Wagner, das ausdrücklich begrüßen – zusammengefasst als deutsche Leitkultur bezeichnet, die es mit Leben zu erfüllen gilt. Man spürt, Sie waren dabei.

Im folgenden Kapitel werden die wesentlichen, von mir bereits angesprochenen Herausforderungen, vor denen wir gegenwärtig stehen, genannt. Ich will das jetzt nicht mehr im Einzelnen tun. Ich will nur in dem Bereich, in dem ein anderer Hesse, nämlich Herr Boddenberg federführend tätig ist, im Bereich der Herausforderungen der Globalisierung, noch darauf hinweisen, dass ich es für wichtig halte, dass dieser Abschnitt über die Globalisierung ebenso wie andere Abschnitte die Lösungsansätze mit einem optimistischen Grundton verbinden und nicht mit einem negativen Grundton. Wer alles negativ sieht, lähmt sich selbst, etwas zu ändern.

Selbstverständlich birgt die Globalisierung Risiken, aber sie birgt eben auch Chancen, und für mich gehört zum Profil einer christlich demokratischen Partei, die sich an der Würde des Menschen orientiert, ein klares Bekenntnis: Wir haben in Europa über Jahrhunderte von der mangelnden Globalisierung profitiert. Wir dürfen, wenn wir uns dem Ziel verpflichtet fühlen, doch nicht hinnehmen, dass in Zukunft nur eine kleine Minderheit in der Welt menschenwürdig lebt und Hunderttausende in anderen Erdteilen täglich verhungern. Für mich gehört es zu den Chancen der Globalisierung, diesen Zustand zu überwinden. Für mich gehört es zu den Chancen der Globalisierung, dass ein junger Inder und eine junge Brasilianerin gleiche Chancen haben wie junge Deutsche.

Wir Deutschen müssen den Wettbewerb akzeptieren. Der setzt allerdings voraus, dass wir nicht zwei Stunden später aufstehen und eine Stunde früher zu Bett gehen, sondern dass wir diesen Wettbewerb auch annehmen.

Weil mich aber nun Herr Wagner zu einem Vortrag und nicht zu einem mehrtägigen Seminar eingeladen hat, will ich mich zu den folgenden Sachkapiteln im Einzelnen jetzt nicht mehr äußern – obwohl auch sie eine Menge Zündstoff enthalten, wenngleich ich die Kapitel, die ich behandelt habe, für die wichtigeren halte.

Ich will hier nur das Stichwort Bioethik ansprechen. Und natürlich das Stichwort Ehe und Familie. Es ist sehr erfreulich, dass über Familie viel diskutiert wird, aber sehr bedenklich, dass das Wort Ehe fast nicht mehr vorkommt. Die Ehe steht auch im Grundgesetz, und es gibt außerdem auch Leute, die eine Ehe eingehen, weil daraus eine Familie werden soll.

Ich persönlich habe mit der ganzen Familiendiskussion erhebliche Schwierigkeiten, weil doch eigentlich klar sein müsste: Wie jemand seine Familie führt, ist seine ureigenste Sache! Der Staat muss ermöglichen, dass die eine Familie darin besteht, dass sich ein Ehepartner der Erziehung der Kinder widmet, und aber auch darin bestehen kann, dass beide berufstätig sind. Der Staat hat nicht das Recht, dem einen den Vorrang vor dem anderen zu geben, und wir haben nicht das Recht, das eine mit dem Stichwort vom „Heimchen am Herd" zu verteufeln und das andere mit dem Stichwort von der „Rabenmutter".

Auch das Stichwort „Neuverschuldung" ist so eine Sache, über die noch viel diskutiert wird – die Steuerzahler sind für ein Neuverschuldungsverbot, die Ministerpräsidenten sind dagegen, das muss ausgefochten werden. Und auch hier gilt: Ein Grundsatzprogramm ist keine Spielwiese für Utopisten. Wir müssen von der überhohen Neuverschuldung runterkommen, und es ist unverantwortlich, dass wir, weil jetzt ein paar Euro mehr in die Kasse kommen, schon wieder alles vergessen, was wir vorher gesagt haben. In Wahrheit ist doch nur die Neuverschuldung abgesenkt worden. Von der Rückzahlung der alten Schulden kann keine Rede sein!

Aber gleichzeitig sage ich: Wenn wir etwa 1990 nicht in der Lage gewesen wären, den Russen Geld zu geben, damit die heimkehrenden russischen Soldaten aus Deutschland ein Dach über den Kopf bekommen, dann wären sie heute noch da. Und dafür Schulden zu machen, war doch berechtigt, und das dürfen wir uns doch jetzt nicht vorwerfen lassen von denen, die sich nicht mehr erinnern wollen, was damals der Fall war.

Als ich in Thüringen anfing, standen noch 80.000 russische Soldaten allein in Thüringen, und alle vier Wochen erschien der Oberkommandierende und hat mir vom Abzug berichtet. Sie haben ihn pünktlich eingehalten, sie haben allerdings auch alles mitgenommen, was nicht niet- und nagelfest war.

Lassen Sie mich noch einmal auf den gewagten Hinweis zu Beginn auf die Zisterzienser zurückkommen, die sich bekanntlich auf die Lehren des heiligen Benedikt bezogen haben: Dieser Patron Europas hat den festen Boden der Tradition und Überlieferung zur Grundlage gehabt, er hat aber auch Verantwortung und Veränderungen kraftvoll gewagt und sich, weiß Gott, den Herausforderungen der Zukunft gestellt. Benedikt war kein Verwalter, sondern Benedikt war ein Modernisierer, und er hat mit anderen um seine richtige Überzeugung gerungen. Er hat seinen Gestaltungsauftrag ernst genommen und damit frischen Wind in die Debatte gebracht, getreu dem benediktinischen Wahlspruch, den ich großartig finde: Zu unserer Tradition gehört es, fortschrittlich zu sein; unseren Fortschritt verdanken wir einer großen Tradition.

Wenn die Union zu ihrer Grundlage macht, fortschrittlich zu sein, aber betont, den Fortschritt einer großen Tradition zu verdanken, ich glaube, dann muss uns nicht bange sein. Konrad Adenauer hat gesagt: „Wenn die anderen glauben, man sei am Ende, so muss man erst richtig anfangen." Wenn es uns gelingt, diese Kraft des Aufbruchs auf dem Boden der Tradition lebendig zu halten, dann mache ich mir keine Sorge um die Zukunft dieser Volkspartei. Das hängt aber letztlich nicht vom Programm allein ab, sondern auch von den Männern und Frauen, die dieses Programm gestalten und die nach diesem Programm die Politik gestalten – in den Gemeinden, in den Ländern und in der Bundesrepublik und zunehmend auch in Europa.

„Freiheit oder Gleichheit? Das Koordinatensystem einer modernen Gesellschaft“

Roman Herzog
Kloster Eberbach, 16. Mai 2007

Das Thema, das Sie mir für den heutigen Abend aufgegeben haben, ist schwierig, denn es hat zwei wesentliche Nachteile: Erstens handelt es sich bei ihm tatsächlich um eine der entscheidenden Fragen der Menschheitsgeschichte, und zweitens glaubt jeder dabei mitreden und sich auf diese Weise die theoretische Grundlage für alle politischen Wünsche besorgen zu können, die er seit je und meist aus ganz anderen Gründen in seinem Busen hegt. Das Thema fordert also einerseits zur Ideologiebildung, andererseits zur Ideologiekritik heraus, und wenn man sich vor dem einen wie dem anderen hüten will, geht man einen ziemlich steinigen Weg.

I.

In einem ersten Abschnitt will ich versuchen, die allerschlimmsten Stolpersteine aus dem Weg zu räumen. Das sind insgesamt drei.

1. Die gängige Schulweisheit dringt meist nur bis zu der Binsenwahrheit vor, dass sich Freiheit und Gleichheit gegenseitig ausschließen, weil die uneingeschränkte Freiheit ja zwangsläufig zur totalen Ungleichheit zwischen den Menschen führt und weil umgekehrt uneingeschränkte Gleichheit für die meisten Menschen gleichbedeutend mit einer erheblichen Unfreiheit ist. Ich für meinen Teil bezweifele schon, dass es in menschlichen Gesellschaften solche hundertprozentigen Wahrheiten überhaupt gibt. Im Hinblick auf Freiheit und Gleichheit bestehen aber auch beträchtliche historische und empirische Zweifel. Schon die Freiheit als Ziel haben, soweit wir wissen, längst nicht alle Völker total angestrebt. Häufig ist es ihnen vielmehr um Sicherheit als um Freiheit gegangen. Freiheit bedeutete in der Zeit des Kalten Krieges etwa die außenpolitische Freiheit gegenüber der stalinistischen Unterjochung und damit im Grunde auch wieder Sicherheit. Dass zwischen den Menschen keine allgemeine Gleichheit besteht, das lehrt uns fast jede neue Erkenntnis der Genetik. Man kann hier allenfalls darüber streiten, ob gewisse menschliche Eigenschaften, die uns als angeboren erscheinen, nicht doch aus dem Milieu der frühesten Kindheit stammen. In dieser Ausschließlichkeit aber stimmt diese Vermutung auf keinen Fall.

2. Dem entspricht auch unsere verfassungsrechtliche Situation. Sowohl im Grundgesetz als auch in den Landesverfassungen, so weit sie sich überhaupt zu Grundrechten äußern, werden Freiheit und Gleichheit nebeneinander garantiert. Es bleibt also gar nichts anderes

übrig, als beide nebeneinander zu respektieren. Das heißt aber, sie – wie auch immer – miteinander in Einklang zu bringen, und zwar möglichst so, dass keines von beiden dem anderen jegliches Wasser abgräbt. Dies ist auch nicht nur ein verfassungsrechtliches Phänomen, darum geht im Grunde jede politische Diskussion der letzten zwei- bis dreihundert Jahre.

3. In diese Auseinandersetzung gehen beide Prinzipien allerdings nicht auf die gleiche Weise. Freiheit ist zumindest eine Möglichkeit, die dem einzelnen Menschen von der Natur zur Verfügung gestellt ist, für die er im politischen System auch Schutz und vielleicht sogar etwas Hilfe braucht, für deren Ausübung er aber zunächst einmal selbst verantwortlich ist; das war übrigens der „Ruck“, von dem ich seinerzeit gesprochen habe! Gleichheit muss aber immer erst geschaffen werden, weil sie auf freier Wildbahn in aller Regel nicht garantiert ist. Sie muss in den heutigen politischen Systemen also weitgehend vom Staat geschaffen werden, und die Gleichheitsgarantien unserer Verfassungen sind genau genommen keine Gleichheitssätze, sondern Gleichheitsbehandlungssätze. Politisch gesprochen heißt das: Wenn der Staat in die Freiheit zu weit eingreift, muss er daran eben gehindert werden, mit welchen Mitteln auch immer. Wenn aber mehr Gleichheit geschaffen werden soll, geht es um Eingriffe in die ganze Gesellschaft und damit zugleich um ausgedehnte Gesetzgebungen, um die Entstehung von Bürokratien und um die ständige Gefahr unangemessener Eingriffe in die Freiheit anderer, ja selbst um die Gefahr neuer, nicht weniger fragwürdiger Ungleichheiten.

II.

Dass ich hier keinem schroffen Entweder-oder der Prinzipien das Wort rede, sondern der Notwendigkeit, sie miteinander in Einklang zu bringen, mag dem einen oder anderen halbherzig erscheinen und auf jeden Fall mehr Arbeit machen als beim Entweder-oder. Es ent-

Großes Interesse – nicht nur an dem Vortrag, sondern auch an einem Autogramm von Alt-Bundespräsident Roman Herzog.

spricht aber der Situation, und solche Situationen sind eigentlich sogar der Normalfall im menschlichen und erst recht im politischen Leben. Und wenn Freiheit und Gleichheit in ein und derselben Verfassung geschützt werden, bleibt auch gar nichts anderes übrig als die Suche nach einer Konkordanz – bei Rechtsstaat und Sozialstaat, die ebenfalls beide im Grundgesetz verankert sind, ist es genauso, und nicht anders verhält es sich bei der Abwägung zwischen den Freiheitsrechten und den Belangen der Öffentlichkeit. Außerhalb der Verfassung kennen wir ähnliche Erscheinungen im Verhältnis zwischen Recht und Gerechtigkeit, die ja ebenfalls zwei durchaus verschiedene Paar Stiefel sind, und, was nun für unser Thema besonders wichtig ist, zwischen reiner und sozialer Marktwirtschaft.

Das Begriffspaar Freiheit/Gleichheit hängt, wie uns allen klar ist, besonders eng mit dem soeben erwähnten Begriffspaar reine/soziale Marktwirtschaft zusammen. Je mehr auf Freiheit und je weniger auf

Gleichheit Wert gelegt wird, umso mehr lässt das nämlich den Verzicht auf soziale Elemente bei der Ausgestaltung einer Marktwirtschaft zu. Und umgekehrt: Je mehr Wert auf Gleichbehandlung der Menschen gelegt wird, desto klarer muss sich eine Marktwirtschaft als soziale Marktwirtschaft im Sinne von Ludwig Erhard und Alfred Müller-Armack konstituieren. Über die Akzentuierung im Einzelnen mag man streiten; das war ja die Auseinandersetzung der letzten Jahre und das wird sie auch noch lange bleiben. Die Gründe, die die CDU zum bleibenden Bekenntnis zur sozialen Marktwirtschaft veranlasst haben, liegen aber vor aller Augen und sind nur ganz nebenher verfassungsrechtlicher Herkunft – im Vordergrund stehen ganz einfach ethische und praktisch-politische Argumente, die ich in einem meiner Bücher so zusammengefasst habe: „Einerseits handelt es sich ganz einfach um Gerechtigkeitserwägungen; denn wenn Gleichheit unter den Menschen sich auch niemals voll herstellen lässt, kann eine Gesellschaft das Maß an Gerechtigkeit, das auf Erden überhaupt zu erreichen ist, doch auch nicht außer Betracht lassen, sonst würde sie zur Räuberhöhle." Und andererseits: „Gesellschaftssysteme, in denen es allzu viel Ungleichheit und Ungerechtigkeit gibt, leben erfahrungsgemäß nicht lange in Ruhe, sondern enden irgendwann einmal in Aufstand, Revolution und Bürgerkrieg; Beispiele dafür gibt es in der Geschichte wie in der Gegenwart zur Genüge. Es ist hier wie so oft im Leben: Das Gute und das Nützliche liegen nicht weit auseinander."

Man kann das auch noch schärfer sagen, und das habe ich natürlich auch nicht unterlassen: „Massenarbeitslosigkeit und erst recht Massenarmut mögen zwar die Konkurrenzfähigkeit Deutschlands auf den Weltmärkten stärken, die westlichen Gesellschaftssysteme werden durch sie in ihrem Inneren jedoch entscheidend geschwächt. Ob es für die westlichen Gesellschaften aber erstrebenswert ist, in der Welt den Koloss auf tönernen Füßen zu spielen, mag jeder mit sich selbst ausmachen. Ich jedenfalls halte daran fest, dass beides notwendig ist: äußere Konkurrenzfähigkeit und innere Stabilität."

Da die Zeit der großen jährlichen Zuwachsraten auf mittlere Sicht offenbar vorbei ist, die Dinge bei uns also enger werden, wird unsere Aufgabe in der absehbaren Zukunft also wohl eine Austarierung zwischen Freiheit und Gleichheit sein, die sich in vielen Punkten durch sehr viel größere Genauigkeit auszeichnet als in den hinter uns liegenden Jahrzehnten, und hier wird es dann zugleich um die weitere Frage gehen, ob dabei mehr auf den Ausgleich von Ungleichheiten durch staatliche Geldleistungen oder auf die Sicherung gleicher Lebenschancen, vor allem auch für die nachwachsenden Generationen, zu setzen ist. Anders ausgedrückt: Transfergleichheit oder Chancengleichheit?

III.

Die Frage ist für uns deshalb von solcher Brisanz, weil der CDU mehr als anderen Parteien seit Jahrzehnten vorgeworfen wird, sie habe sowohl den verfassungsrechtlichen Gleichheitssatz als auch das Soziale an der sozialen Marktwirtschaft Schritt für Schritt auf eine bloße Gleichheit der Chancen reduziert.

1. Das Erste, was man darauf erwidern muss, ist, dass dieser Vorwurf ganz einfach nicht den Tatsachen entspricht, und ich wundere mich seit Jahren darüber, dass die CDU, auch in ihren programmatischen Aussagen, dazu offensichtlich nicht imstande ist. Eine weitgehend egalitäre Gleichbehandlung gibt es schließlich nicht nur auf der Leistungsseite der meisten Sozialversicherungszweige, wo man immerhin noch darauf verweisen kann, dass dort auch jeder nach seiner Leistungsfähigkeit eingezahlt hat, sondern es gibt noch einen anderen, riesigen Bereich öffentlicher Leistungen, der ebenfalls zum Sozialen in der sozialen Marktwirtschaft gerechnet werden muss und in dem alle Bürger von Rechts wegen absolut gleiche Möglichkeiten haben. Das gilt für das breit gefächerte Bildungswesen, dessen einzelne Bestandteile ich hier gar nicht aufzählen will. Es gilt für die Ver-

kehrsinfrastruktur, also das Autobahn- und Straßennetz, für die Brücken und Plätze, die im Zeitalter der allgemeinen Motorisierung jedermann zur Verfügung stehen. Daneben gibt es noch zahllose Einrichtungen, deren Benutzung zwar etwas kostet, aber bei weitem nicht die realen Gestehungskosten, die von der öffentlichen Hand also wenigstens teilweise finanziert werden: öffentliche Kliniken, Rettungswesen, Kindergärten, Weiterbildungseinrichtungen, Energie- und Wasserversorgung, Abwasser- und Müllbeseitigung, Straßenreinigung, kulturelle Einrichtungen. Es gibt also – über die engere Sozialpolitik hinaus – einen außergewöhnlich breiten Sockel handfester und jederzeit abrufbarer Leistungen des Staates für jedermann, und ich sehe nicht ein, dass man unter diesen Umständen von der Reduzierung der Gleichheit auf eine bloße Chancengleichheit sprechen kann. Man muss schon vom Bild eines total umfassenden Versorgungs- und Betreuungsstaates ausgehen, um auf eine solche Idee zu kommen.

2. Eine ähnliche, fast pathologische Verengung des Blickfeldes kann man, auch bei uns selbst, noch an einer anderen Stelle beobachten. Der Begriff des Sozialen in der sozialen Marktwirtschaft ist im öffentlichen Bewusstsein praktisch auf die so genannte Sozialpolitik zusammengeschrumpft, das heißt auf die gesetzlichen Regelungen der fünf Sozialversicherungszweige und die Sozialhilfe. Das kann man natürlich machen, wenn man nicht über soziale Marktwirtschaft, sondern nur über den Sozialstaat spricht. Soziale Marktwirtschaft aber ist wesentlich mehr. Sie umfasst beispielsweise auch die Lohnpolitik, die für den einzelnen Menschen und seine Familie von entscheidender Bedeutung ist, für die jedoch Arbeitgeber und Gewerkschaften zuständig sind, nicht der Staat. Und sie umfasst ferner die so genannte Arbeitsmarkt- oder Beschäftigungspolitik, für die der Staat nur zusammen mit den Unternehmen und den Gewerkschaften zuständig ist und bei der er über weite Strecken auf deren Einsicht und Kooperationsbereitschaft angewiesen ist.

Erst wenn man alle diese Elemente unseres wirtschaftlichen und politischen Systems zusammen überschaut, ist ein Urteil über die Bedeutung von Freiheit und – vor allem – von Gleichheit in diesem System möglich, und am besten wäre nicht ein System, in dem der Staat in den genannten Beziehungen bestmögliche Lösungen herbeiführt, sondern am besten wäre ein System, in dem Wirtschaft und Gesellschaft das von sich aus bewirken. (Dass das eine Illusion ist, weiß ich natürlich auch. Aber einmal im Leben möchte ich doch das Prinzip so deutlich aussprechen dürfen!)

3. Allerdings stehen wir damit vor einer der entscheidenden Fragen unseres gesamten Gemeinwesens, und wieder geht es um Freiheit und Gleichheit, wenn auch nunmehr von einer höchst unerwarteten Seite.

Wenn es zutrifft, dass die Freiheit grundsätzlich Sache des einzelnen Bürgers ist und vom Staat zwar eingeschränkt, nicht aber wirklich erzeugt und in Bewegung gesetzt werden kann, und wenn es ferner zutrifft, dass Gleichheit sehr viel häufiger vom Staat erst geschaffen wer-

den muss, so hat das selbstverständlich auch finanzielle Konsequenzen. Ich will es ganz banal ausdrücken: Die Sozialetats unseres Landes, in denen es zu einem guten Teil um Gleichheit geht, sind um ein Erhebliches größer als jene Haushaltskapitel, denen man die Förderung der Freiheit als Zweck zuschreiben kann. Noch schärfer: Die Gleichheitsetats üben einen erheblich größeren Einfluss auf den Finanzbedarf der öffentlichen Hand aus als die „Freiheitsetats". Sie drücken die Staatsquote nach oben, nicht allein, aber doch maßgebend.

Hier spielt nun herein, dass unsere Gesellschaften seit geraumer Zeit Geldwirtschaften sind und dass Geld, wie Gunther Dürig einmal gesagt hat, „geronnene Freiheit" ist. Das bedeutet zweierlei: Die Freiheit derer, die aus Gründen der Solidarität und Gleichheit etwas bekommen, wird größer, die Freiheit derer, die das mit ihren Steuern und Abgaben bezahlen müssen, nimmt aber im gleichen Maße ab, und es erhebt sich schon

Besucherrekord beim Vortrag von Roman Herzog – über 400 Gäste nahmen an der Veranstaltung im Laiendormitorium im Kloster Eberbach teil.

die Frage, ob in dieser Beziehung das rechte Maß bereits gefunden ist oder ob es da nicht genauerer Nachprüfungen bedarf.

Das ist nicht nur, wie uns meistens vorgespielt wird, ein Problem im Verhältnis zwischen ein paar Reichen und den Armen in unserer Gesellschaft. Diese Vereinfachung ist schon dort unzulässig, wo die so genannten Reichen ihren Reichtum in Unternehmen investiert haben und diese genau jenes Sozialprodukt erwirtschaften, aus dem auch die Sozialpolitik finanziert wird. Sie schießt aber auch sonst daneben. Der Durchschnittsbürger verfügt nämlich heute schon über einen recht knappen Streifen Freiheit. Über das Quantum seiner Freiheit entscheidet nämlich nicht sein Nettoeinkommen und schon gar nicht sein Bruttoeinkommen, sondern lediglich der meist sehr geringe Teil des Nettoeinkommens, der ihm nach Abzug seiner Fixkosten für Wohnung, Nahrung, Kleidung usw. zur freien Verfügung bleibt, und der kann bei Lohnkürzungen, Steuer- oder Abgabenerhöhungen und dergleichen sehr rasch wegschmelzen. Der Kampf um die so genannte Staatsquote, das heißt um jenen Teil des Sozialprodukts, der vom Staat entweder eingezogen oder zumindest umverteilt wird, ist für viele in unserem Lande deshalb zugleich ein Kampf um ihre Freiheit. (Ich sage das bewusst so deutlich, weil sich hier zeigt, dass die Staatsquote auch für das Quantum an Freiheit entscheidend ist, das in einer Gesellschaft besteht, und zwar nicht nur für die Freiheit der Wirtschaft, die wegen ihrer Bedeutung für die Höhe des Sozialprodukts wichtig genug ist, sondern auch für die Freiheit des Durchschnittsbürgers.)

4. Die Staatsquote, die also für die Gleichheit wie für die Freiheit gleich präjudiziell ist, stellt daher eine der wichtigsten Fragen unserer Zeit dar, und es verdrießt mich sehr, dass über sie und ihre richtige Höhe in den letzten Jahren so wenig diskutiert worden ist. Diese Lücke kann auch ich heute nicht schließen – es mag bei der Feststellung bleiben, dass die gegenwärtige Staatsquote, die bei knapp 50 Prozent liegen soll, jedenfalls zu hoch ist und daher reduziert werden muss.

Betonen möchte ich allerdings, dass ich an eine Schlussfolgerung, die dabei wie ein Pawlowscher Reflex auftritt, nicht glaube: nämlich daran, dass das ausschließlich durch die Kürzung von Sozialleistungen geschehen kann. Natürlich gibt es auch hier Übertreibungen, gegen die vorgegangen werden muss, besonders bei Leistungen, die nur deshalb jedermann zugestanden werden, weil sich die Bedürftigeren in unserem Lande sonst als bedürftig bekennen müssten; das ist eine Form des Zartgefühls, die wir uns wohl kaum mehr leisten können – Stichwort Kindergeld, Unterrichtsgeld, Kindergartengebühr usw. Aber damit ist es nicht genug: In unserem Land wird immer noch so viel Geld verschwendet oder zumindest für weniger wichtige Dinge ausgegeben, dass man damit viel sparen könnte. Und um nur noch ein Beispiel zu nennen, will ich daran erinnern, dass jedes gestrichene Gesetz auch keine Vollzugsbeamten mehr benötigt – da wäre, wenn auch nur auf mittlere Sicht, eine Menge zu holen.

Ich weiß, wie schwierig und langwierig das alles ist. Aber hier liegt der Grund dafür, dass ich seit Jahren permanent nach Haushaltssanierung, Durchforstung der öffentlichen Haushalte und Abbau von Bürokratie in Gesetzgebung und Verwaltung rufe. Das hat nicht nur den Sinn, der Wirtschaft wieder mehr Freiheit zu schaffen, sondern es könnte auch der Finanzierung von Gleichheit dienen!

IV.

In Abschnitt II habe ich die Transfergleichheit und die Chancengleichheit einander gegenübergestellt. Die Transfergleichheit und ihre Grenzen habe ich inzwischen behandelt, und die Beispiele, die ich dabei angeführt habe, sollten Ihnen gezeigt haben, dass sie vor allem dort angebracht ist, wo Menschen unmittelbare Hilfe brauchen, die sie sich selbst nicht verschaffen können und auf die sie auch nicht lang warten können. Das ist in den Fällen der Chancengleichheit völlig anders. Hier geht es genau genommen um Hilfe zur Selbsthilfe und es wird viel mehr

Erfahrung verbindet – Roman Herzog im Gespräch mit dem früheren hessischen Innenminister Gottfried Milde (r.) und dem CDU-Fraktionsvorsitzenden Christean Wagner.

als in den bisherigen Fällen erwartet, dass der Leistungsempfänger selbst mitarbeitet, ja eines Tages gar keine staatliche Hilfe mehr braucht.

Die Hilfe zur Chancengleichheit ist politisch also die weitaus interessantere, einmal, weil sie im Regelfall die billigere ist (acht Semester Bafög kosten die öffentlichen Kassen nicht annähernd so viel wie 50 Jahre Sozialhilfe), zum anderen, weil sie die betroffenen Menschen meist auch in ihrer Würde ernster nimmt als die meisten Maßnahmen der Transfergleichheit (das jedenfalls so lange, wie das selbstständige Verdienen des Lebensunterhalts in unseren Breiten noch einen Sozialstatus verleiht, der über den Besitz der nötigen Banknoten hinausgeht).

Ich will nun nicht behaupten, dass das Thema Chancengleichheit ausschließlich im Zusammenhang mit beruflicher Tätigkeit aktuell wird. Im Zentrum der Problematik steht die berufliche Tätigkeit aber sehr wohl, und das reicht bis in die Gründung neuer Unternehmen – Stichwort „Existenzgründung" – und in manche Teilaspekte der Arbeitsmarktpolitik hinein. Schlechthin entscheidend ist aber, sobald es wirklich um Chancengleichheit zwischen den Menschen geht, das Bildungswesen, weil es dort umso mehr um die Verteilung von Lebenschancen geht, je mehr sich unsere Gesellschaft zur Wissensgesellschaft wandelt und je mehr ihre Zukunft von der Erzeugung hochkomplizierter Produkte abhängt.

Noch wichtiger ist aber Folgendes: Moderne Gesellschaften mögen noch so viel von Demokratie reden und noch so demokratisch sein, sie werden sich immer auch in soziale Schichten gliedern. Das ist eine unvermeidliche Folge der immer weiter fortschreitenden Arbeitsteilung und das kann auch jedermann sehen, der mit offenen Augen durch die Welt geht – die Entdeckung der Unterschicht im Herbst 2006 hätte es dazu gar nicht gebraucht. Diese Schichtung ist, wie ich schon sagte, mindestens in der heutigen Welt unvermeidlich, sie ist aber auch nur zu ertragen, wenn die Schichten durchlässig sind und wenn der Parameter, der über Schichtenzugehörigkeit, über Aufstieg und Abstieg entscheidet, nicht in Geburt oder Vermögen besteht, sondern in der Leistung des Einzelnen. Deshalb habe ich soeben das Stichwort „Existenzgründung" erwähnt, das eben nicht nur wegen der Leistungsfähigkeit unseres Systems wichtig ist, sondern auch wegen dessen sozialer Durchlässigkeit. Entscheidend ist und bleibt aber das Bildungswesen, auf das ich jetzt wenigstens noch vier Spotlights richten möchte:

1. Gegliedertes Schulsystem oder Gesamtschule? Zur Grundsatzfrage will ich mich hier gar nicht äußern. Klar muss aber sein, dass keine Schule die intelligenteren und leistungsbereiteren Schüler behindern darf, eine Gefahr, die von der Gesamtschule zwar nicht notwendig, aber doch wohl eher ausgeht. Im gegliederten Schulsys-

tem kommt es demgegenüber auf zweierlei an: Die Hauptschule darf nicht einfach abgeschrieben werden und zwischen den Schulzweigen muss es realistische Übergänge geben, durch die falsche Entscheidungen über einen Bildungsgang jederzeit korrigiert werden können.

2. Leistungsanforderungen: Hierauf muss sehr geachtet werden. Zu hohe Anforderungen bilden gerade für Kinder aus den so genannten Unterschichten gewichtige Barrieren, zu niedrige ersparen den dummen oder faulen Kindern arrivierter Kreise dagegen den Abstieg – was auch nicht im allgemeinen Interesse sein kann.

3. Ähnlich verhält es sich mit der Zahl der Reifezeugnisse und Diplome, die ein Bildungswesen ausgibt (und nach der heute seltsamerweise überhaupt die Qualität des ganzen Systems beurteilt wird): Ist die Zahl zu niedrig, so kann auch sie sich leicht als soziale Barriere erweisen. Ist sie aber zu hoch, so wird sich – vom öffentlichen Dienst vielleicht abgesehen – der Wert des einzelnen Abschlusses alsbald deutlich relativieren. Wenn jeder ein Abitur oder ein Hochschuldiplom hat, werden sich Dinge wie Realschulzulassung, Einstellung und Beförderung sehr rasch nach anderen Kriterien entscheiden.

4. Deshalb wird man sich auch in der Frage der Ganztagesschule sehr rasch darüber klar werden müssen, was man mit ihr eigentlich will. Will man nur die Kinder am Nachmittag beschäftigen, so ist das zwar möglich, aber keine Staatsaufgabe. Von den wirklich unterbemittelten Schichten abgesehen, wo beide Eltern tatsächlich arbeiten müssen, um den Lebensunterhalt zu sichern, sollen die Eltern die Kosten dann selbst tragen. Geht es aber um die Stützung von Kindern, die sich mit dem Lernen schwertun – Kinder aus bildungsfernen Schichten, vor allem aus Ausländerfamilien, aber auch Kinder, die entwicklungsbedingt gerade mal einen „Durchhänger" haben –, dann sollte man das Ganztagesangebot auf diese beschränken und

ihnen damit wirklich gleiche Bildungschancen schaffen wie allen anderen. Das hätte übrigens noch einen zweiten, ganz entscheidenden Vorteil: Die Zahl der Ganztagesschüler würde erheblich reduziert, die ganze Sache würde halbwegs finanzierbar und der Staat müsste nicht wieder einmal mit unzureichenden Mitteln eine Leistung anbieten, die das, was er verspricht und was auch notwendig wäre, letztlich doch nicht leistet.

Biographien

Prof. Dr. Arnulf Baring

Arnulf Baring wurde am 8. Mai 1932 in Dresden geboren. Er studierte Jura in Hamburg, Berlin, Freiburg, New York und Paris. 1962 wurde er Redaktionsmitglied des Westdeutschen Rundfunks in Köln und arbeitete seit 1964 an einem Forschungsauftrag über die Anfänge der Ära Adenauer. 1966 wurde er wissenschaftlicher Assistent und Lehrbeauftragter am Otto-Suhr-Institut und am John F. Kennedy-Institut der FU Berlin. 1976 wurde er zum ordentlichen Professor für Zeitgeschichte und internationale Beziehungen am Friedrich-Meinecke-Institut der FU Berlin berufen und war bis 1979 zusätzlich im Bundespräsidialamt tätig. 1986 war er an der Stiftung Wissenschaft und Politik, als Fellow am Woodrow Wilson Center for Scholars in Washington D.C. und als Senior Research Associate am Institute for East-West Security Studies in New York bis 1988 tätig. 1992/93 war er Member des Insitute for Advanced Study in Princeton und 1993/94 Fellow am St. Antony's College in Oxford. 1998 wurde er emeritiert.

Prof. Dr. Eberhard Schockenhoff

Eberhard Schockenhoff wurde am 29. März 1953 in Stuttgart geboren. Ab 1972 studierte er Theologie in Tübingen und Rom. 1978 wurde er in Rom zum Priester geweiht und erhielt ein Jahr später das Lizenziat in Moraltheologie. Seitdem übte er eine praktische Seelsorgetätigkeit als Vikar in Ellwangen und Stuttgart aus. 1982 wurde er

Repetent im Wilhelmsstift in Tübingen. 1986 wurde er promoviert und arbeitete seitdem als Assistent an der Katholisch-Theologischen Fakultät der Universität Tübingen. 1989 habilitierte er sich und lehrte ein Jahr später als Professor für Moraltheologie an der Universität Regensburg und seit 1994 an der Universität Freiburg. Seit 2001 ist er geschäftsführender Herausgeber der Zeitschrift für medizinische Ethik und Mitglied im Nationalen Ethikrat.

Dr. Norbert Lammert

Norbert Lammert wurde am 16. November 1948 in Bochum geboren. Nach Abitur und Wehrdienst nahm er 1969 ein Studium der Politikwissenschaft, Soziologie, Neueren Geschichte und Sozialökonomie in Bochum auf. 1972 schloss er sein Studium als Diplom-Sozialwissenschaftler ab. 1975 wurde er promoviert und wurde Lehrbeauftragter an der Fachhochschule Bochum und Hagen. Zudem war er freiberuflich tätig. Seit 1980 ist er Mitglied des Bundestages. Von 1989 bis 1994 war er Parlamentarischer Staatssekretär beim Bundesminister für Bildung und Wissenschaft, von 1994 bis 1997 Parlamentarischer Staatssekretär beim Bundesminister für Wirtschaft und von 1997 bis 1998 Parlamentarischer Staatssekretär beim Bundesminister für Verkehr. Von 1998 bis 2002 war er kultur- und medienpolitischer Sprecher der CDU/CSU-Bundestagsfraktion und von 2002 bis 2005 Vizepräsident des Deutschen Bundestages. Seit 2005 ist er dessen Präsident.

Prof. Dr. Hans Joachim Meyer

Hans Joachim Meyer wurde am 13. Oktober 1936 in Rostock geboren. 1955 nahm er ein Studium der Rechts- und Staatswissenschaft in Potsdam-Neubabelsberg auf, wurde aber aus politischen Gründen wieder exmatrikuliert. 1958 war er kurzzeitig Hilfsarbeiter im Lokomotivbau in Babelsberg und nahm ein Jahr später ein Studium der Anglistik/Amerikanistik und Geschichte an der HU Berlin auf. 1964 schloss er das Studium mit dem Diplom ab und arbeitete seitdem als Sprachlehrer und wissenschaftlicher Oberassistent an der HU. 1971 wurde er promoviert, zehn Jahre später habilitierte er sich. 1982 wurde er zum Hochschuldozenten für Angewandte Sprachwissenschaft und 1985 zum außerordentlichen Professor an der HU berufen. 1990 wurde er zum Minister für Bildung und Wissenschaft in der letzten Regierung der DDR ernannt und nach der Wiedervereinigung zum sächsischen Staatsminister für Wissenschaft und Kunst. Von diesem Amt trat er 2002 zurück. 1997 wurde er zum Präsidenten des Zentralkomitees deutscher Katholiken gewählt.

Prof. Dr. Paul Kirchhof

Paul Kirchhof wurde am 21. Februar 1943 in Osnabrück geboren. 1962 begann er ein Studium der Rechtswissenschaften in Freiburg und München. 1966 legte er die erste juristische Staatsprüfung ab. 1968 wurde er promoviert und legte ein Jahr später die zweite juristische Staatsprüfung ab. Seit 1970 arbeitete er als wissenschaftlicher Assistent an der Universität Heidelberg. 1974 habilitierte er sich und wurde ein Jahr später zum ordentlichen Professor für Öffentliches Recht an der Universität Münster berufen und war bis 1981 Direktor des dortigen Instituts für Steuerrecht. 1980 war er für kurze Zeit Richter im Nebenamt am Oberverwaltungsgericht Nordrhein-Westfalen. Ein Jahr später wurde er zum ordentlichen Professor für Öffentliches Recht an der Universität Heidelberg berufen und ist Direktor des dortigen Instituts für Finanz- und Steuerrecht. Von 1987 bis 1999 war er Richter am Bundesverfassungsgericht als Mitglied des Zweiten Senats. Seit 2000 ist er Leiter der Forschungsgruppe „Bundessteuergesetzbuch" an der Universität Heidelberg.

Prof. Dr. Bernhard Vogel

Bernhard Vogel wurde am 19. Dezember 1932 in Göttingen geboren. Nach dem Abitur 1953 studierte er Politische Wissenschaft, Geschichte, Soziologie und Volkswirtschaftslehre in Heidelberg und München. 1960 wurde er promoviert und wurde ein Jahr später Lehrbeauftragter am Institut für Politische Wissenschaft der Universität Heidelberg. Bei der Bundestagswahl 1965 errang er ein Direktmandat. 1967 wurde er zum rheinland-pfälzischen Kultusminister ernannt, errang 1971 ein Mandat als Mitglied des rheinland-pfälzischen Landtags und wurde 1976 zum Ministerpräsidenten von Rheinland-Pfalz gewählt. In dieser Funktion war er auch Vorsitzender der Rundfunkkommission der Ministerpräsidenten. 1989, ein Jahr nachdem er von seinem Amt als Ministerpräsident zurückgetreten war, wurde er Vorsitzender der Konrad-Adenauer-Stiftung (bis 1995). 1992 wurde er zum Ministerpräsidenten Thüringens gewählt. 2003 trat er von diesem Amt zurück und kandidierte auch nicht mehr bei der Landtagswahl ein Jahr später. Seit 2001 ist er erneut Vorsitzender der Konrad-Adenauer-Stiftung.

Prof. Dr. Roman Herzog

Roman Herzog wurde am 5. April 1934 in Landshut geboren. Nach seinem Studium der Rechtswissenschaften legte er die erste juristische Staatsprüfung 1957 an der Universität München ab, wurde ein Jahr später promoviert und arbeitete danach als wissenschaftlicher Assistent. 1961 legte er die zweite juristische Staatsprüfung ab und lehrte ab 1964 als Privatdozent an der Universität München. 1966 wurde er zum Professor an der FU Berlin für Staatsrecht und Politik und 1969 zum Professor an der Hochschule für Verwaltungswissenschaften in Speyer berufen, deren Rektor er 1971/72 war. 1978 wurde er zum Minister für Kultur und Sport des Landes Baden-Württemberg ernannt und wurde im selben Jahr Bundesvorsitzender des Evangelischen Arbeitskreises der CDU/CSU (bis 1983). 1980 wurde er zum Minister des Innern des Landes Baden-Württemberg ernannt und errang ein Landtagsmandat. 1983 wurde er Vizepräsident und 1987 Präsident des Bundesverfassungsgerichts. Von 1994 bis 1999 amtierte er als Bundespräsident.

Dr. Christean Wagner

Christean Wagner wurde am 12. März 1943 in Königsberg geboren. Nach dem Abitur studierte er von 1962 bis 1966 Rechtswissenschaften in Marburg und Heidelberg. 1971 legte er das zweite juristische Staatsexamen ab. 1972 wurde er zum Doktor der Rechte promoviert und arbeitete danach bis 1975 als Stadtdirektor in Holzminden (Niedersachsen). Danach wurde er zum stv. Landrat des Landkreises Marburg-Biedenkopf und 1981 dort zum Landrat gewählt. 1986 wechselte er als Direktor an das Frankfurter Institut für wirtschaftspolitische Forschung nach Bad Homburg. Ein Jahr später wurde er Staatssekretär im Bundesministerium für Umwelt, Naturschutz und Reaktorsicherheit. Von 1987-1991 war er Hessischer Kultusminister. Seit 1991 ist er Mitglied des Hessischen Landtages und war von 1993 bis 1999 stv. Vorsitzender der CDU-Landtagsfraktion. Von 1999 bis 2005 war er Hessischer Justizminister und wurde danach zum Fraktionsvorsitzenden der CDU-Landtagsfraktion gewählt.

Bildnachweis:

Heibel Bild Presse Agentur: S. 11, 19, 27, 33, 41, 44, 49, 51, 62, 67, 69, 72, 77, 80, 93, 96, 101,109, 112, 117, 120, 128, 136, 141, 147, 150, 154-155, 158

dpa Picture-Alliance: S. 14, 22, 36, 54, 59, 85, 88, 125, 133